Alain Dag' Naud

LE LANGUEDOC-ROUSSILLON

Reportage photographique :

Catherine Bibollet

Catherine Bibollet
est représentée par l'agence
TOP-RAPHO, Paris

ÉDITIONS OUEST-FRANCE
13, rue du Breil, Rennes

Sommaire

Oc de roc et de feu

Le Gévaudan avait sa bête, un loup monstrueux amateur de chair humaine. À Narbonne autrefois, vivait une fille belle comme le jour, mais sorcière et vampire, qui transforma son mari en chien. Partout des trésors sont enfouis, trésors des Arabes, des Templiers, escarboucle du dragon et pourquoi pas le Graal ? Les gouffres qui trouent le Causse sont l'entrée des Enfers. Les grottes sont le domaine des fées. Des dolmens et des tours fantomatiques font le guet sur des pitons. Les citadelles cathares dialoguent avec le ciel et communiquent en une énigmatique géographie zodiacale. Voilà bien le Languedoc et le Roussillon, des pays où règne le mystère, où la légende côtoie l'his-

Lozère. Les grottes du cirque de Saint-Chély.

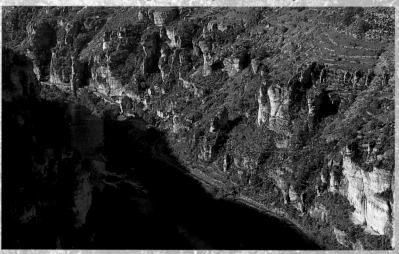

4

Ariège. Châteaux cathares, Roquefixade.

toire, où l'extraordinaire porte le quotidien.

La nature même passe le naturel. Sur l'échine méridionale du Massif central, les rivières creusent des marmites de géants. Le Tarn, la Jonte, la Dourbie grondent dans leurs canyons. Des torrents surgissent en cascades des falaises. Les labyrinthes souterrains de Dargilan ou de l'aven Armand se perdent dans les abysses. À Montpellier-le-Vieux, à Mourèze, aux Arcs de Saint-Pierre, les rochers se découpent en reliefs ruiniformes. Sur les Grands Causses, des dépressions circulaires, les lavognes et les sotchs, sont des oasis au pays de la soif. Adossée aux Cévennes, la garrigue exhale d'incroyables modula-

Lozère. Ispagnac, les lauzes.

tions d'arômes. La mer de vigne en contrebas frémit au moindre souffle. Les étangs et la Méditerranée retiennent le soleil. Et là-bas, vers le sud, remparts sur l'Espagne, les Pyrénées s'engloutissent dans la mer en une débauche de caps et de criques.

Comment ne pas aimer un tel pays, les toits de lauze de ses maisons, la mystique charnelle de ses églises romanes, l'altière nostalgie de ses cathédrales fortifiées ? Comment ne pas aimer la sincérité, l'indépendance, le feu de ses habitants ? Dans les mêlées complexes du rugby, dans les joutes nautiques d'Agde et de Sète, dans les rondes de la sardane, aux sons de la cobla, sur les places de Perpignan et de Collioure, il y a un idéal de vie et une esthétique de la solidarité.

Cette personnalité d'oc, riche d'une foule de particularismes, s'est forgée par trois fois dans le sang. Il y a eu d'abord l'épopée albigeoise à partir de 1226. Le catharisme n'est

Le Languedoc-Roussillon

Aveyron. Roquefort-sur-Soulzon.

pas l'Occitanie, mais plus qu'ailleurs il a trouvé un asile en ces terres de tolérance empreintes de romanité. Les seigneurs du Nord, qui disent oïl, guerroient par plaisir, ne comprennent rien aux cours d'amour des troubadours, convoitent les richesses du Sud. Au nom de la Croix, Simon de Montfort tue et brûle. Par le traité de Paris, en 1229, le Bas-Languedoc est annexé au domaine royal. Montségur tombe en 1244. Le Haut-Languedoc est intégré en 1271 par un simple jeu de succession.

Les blessures cicatrisent, la vie renaît. Le travail de la laine et de la soie reprend, les foires de Carcassonne et de Beaucaire exportent les draps, le pastel et le vin. Les universités de Toulouse et de Montpellier sont florissantes. Mais le sens de l'indépendance et le goût pour les idées subversives demeurent. Lorsqu'en 1536 des commerçants genevois parlent du protestantisme, ils sont bien accueillis. Nombreux sont les convertis dans les Cévennes, la Montagne Noire et le Vivarais. Pendant quarante ans, les bandes catholiques de Joyeuse ou de Montluc affrontent les réformés du baron des Adrets ou du duc de Montmorency. L'édit de Nantes (1598) calme les esprits. Sa stupide révocation (1685) rallume les haines. Les dragons de Louis XIV pillent et violent impunément. En 1702, les camisards se révoltent. La répression est effroyable et ineffaçable. Dans les villages cévenols d'aujourd'hui, parpaillots (protes-

Hérault. Lac de Salagou.

tants) et papistes (catholiques) se fréquentent peu ; les mariages intercommunautaires sont rares ; les cimetières sont divisés en deux ; politiquement, les paysans protestants se veulent plus à gauche que les catholiques.

Le dernier drame est fruit de la vigne. Languedoc et Roussillon sont terres viticoles. En témoignent le muscat, le grenache, le banyuls, le maury, le rivesaltes, les côtes-du-roussillon, les coteaux-du-languedoc, le miner-

vois, les corbières, la blanquette de Limoux... Dans les premières années du XXᵉ siècle, la production dépasse largement la demande : les cours s'effondrent. En 1907, les viticulteurs se révoltent. De Paris, Clemenceau ordonne la répression. Mais les soldats du 17ᵉ d'infanterie, enfants du pays, refusent de tirer sur les manifestants. Le pire est évité.

De fer et de feu, pour la justice et la vérité, le Languedoc et le Roussillon sont terres de révolte. Ses hommes et ses femmes au cœur insoumis se donnent ou se refusent.

Pas de demi-mesure. Là est leur beauté, à l'image

Pyrénées-Orientales. Saint-Martin-de-Fenollar, fresque de la chapelle, « Le mystère de l'Incarnation ».

du terroir aux impressionnants paysages de pierre et de rocaille, aux déserts piquetés d'oasis, à la mer sans cesse recommencée. Vous qui cherchez quelque chose, autre chose, ailleurs, le Languedoc et le Roussillon s'offrent à votre quête.

Hérault. Saint-Martin-de-Londres.

Aude. Carcassonne, cité, musée lapidaire, stèle funéraire.

Regards sur le Languedoc-Roussillon

LES CINQ DÉPARTEMENTS

L'Aude (11) - *Préfecture* : Carcassonne
Sous-préfectures :
Narbonne, Limoux
Le Gard (30) - *Préfecture* : Nîmes
Sous-préfectures : Alès,
Le Vigan
L'Hérault (34) - *Préfecture* : Montpellier
Sous-préfectures : Béziers,
Lodève
La Lozère (48) - *Préfecture* : Mende
Sous-préfecture : Florac
Les Pyrénées-Orientales (66)
Préfecture : Perpignan
Sous-préfectures : Céret,
Prades

LA PLUS LONGUE PLAGE DE FRANCE

De la Camargue aux Pyrénées, du petit Rhône au cap Cerbère, la côte du golfe du Lion déroule une plage de sable quasi continue. Les hommes ne l'ont aménagée que depuis les années soixante. Le Grau-du-Roi, La Grande-Motte, Palavas-les-Flots, Le Cap-d'Agde, Sérignan et Valras-Plage, Port-la-Nouvelle, Port-Leucate, Canet, Argelès témoignent de cet essor du tourisme en cette « Californie française ». Ici, tout est rythmé par l'eau, celle de la Méditerranée, celle des mers intérieures : Thau, Mauguio, Vic, Méjean, Ingril, Bagnas... 16 000 hectares d'étangs en chapelet séparés de la « grande bleue » par un mince lido à peine interrompu de quelques graus. Daurades, loups et civelles s'y plaisent, les huîtres de Bouzigues y sont élevées, les flamants roses ponctuent les eaux de leur couleur insolente.

Argelès et la côte.

LA VIGNE
ET LES VINS

Depuis l'Antiquité, le Languedoc-Roussillon est une terre bénie de Bacchus. Les petits vins de pays produits en masse dans la plaine laissent peu à peu la place aux crus de qualité. Vers le Rhône, dans les Costières et sur les coteaux sont élevés les crus de lirac et tavel, le muscat de Lunel, la clairette de Bellegarde, le picpoul blanc de Pinet, le rouge de Faugères et le muscat de Frontignan dans sa bouteille torsadée, dit-on, après avoir été essorée par la main d'Hercule qui ne voulait pas perdre une goutte du précieux nectar. Sur les Corbières, voici le fitou et 11 crus bien typés. En Minervois, le muscat est roi. À Limoux, voici la célèbre blanquette. Le Roussillon est domaine des vins doux naturels, banyuls, rivesaltes et maurys, des vins verts de Bages et des collioures.

Photos CEPHAS

Hérault. Béziers, musée, reconstitution d'une auberge.

QUELQUES PLATS DU TERROIR

Les grenouilles de Langogne, le bleu des Causses, les caillettes de Lozère, le fameux cassoulet de Castelnaudary, les escargots à la narbonnaise, la tête de veau occitane, le fricandeau aux mousserons de Quillan, la truite braisée à la blanquette de Limoux, l'omelette aux oignons, le bœuf à la gardianne, les criadillas (disons-le, il s'agit de rognons blancs de taureau), l'anchoïade, les anchois de Collioure, l'escuedella (un pot-au-feu catalan), le canard aux olives de Saint-Jean-de-Fos, la bourride sétoise et beaucoup d'autres spécialités que vous dégusterez sur place.

LA LANGUE D'OC

Par opposition à l'oïl, le oui des régions du nord, l'oc s'est épanoui dans la plupart des provinces au sud de la Loire, hormis les pays basque et catalan. La langue d'oc s'est exprimée en son apogée dans les poèmes des troubadours aux XIIe et XIIIe siècles. Elle s'est perpétuée dans l'écrit grâce à des auteurs comme le prix Nobel Frédéric Mistral, l'un des sept membres du Félibrige créé en 1854 pour restituer à la langue d'oc sa dimension littéraire.

LE RUGBY

Le Sud-Ouest est terre de rugby. À XIII ou à XV, ce sport de contact et de solidarité conjugue la force et l'esquive, la poussée en avant par des passes en arrière ! Carcassonne, Pia et le XIII catalan sont passés maîtres dans le jeu à XIII. Béziers a longtemps dominé le jeu à XV français : de 1971 à 1984, l'AS Béziers fut onze fois championne de France. Mais depuis quelques années, le bouclier de Brennus semble avoir pris ses quartiers dans Toulouse la rose.

Hérault. Sète, jouteur.

LA JOUTE

Sur le canal Royal de Sète, chaque lundi de la Saint-Louis, d'impressionnants colosses juchés sur les tintaines de grosses barques colorées s'évertuent à jeter leur adversaire à l'eau en plantant les trois pointes de fer de leur lance dans le pavois ennemi. L'un des héros de ce sport peu commun fut Vincent Cianni, « l'homme aux cent victoires », dont vous verrez la tombe sculptée au cimetière de Sète. D'autres joutes se déroulent à Mèze, Marseillan, Frontignan, Agde ou Béziers.

LA BOUVINE

Aux côtés de la traditionnelle corrida avec mise à mort dans les arènes de Nîmes, Béziers, Lunel, Céret..., il y a la bouvine. Le taureau y est roi aussi, mais point de mise à mort. Une dizaine d'hommes en blanc, les razeteurs, s'efforcent d'arracher au taureau la cocarde de chiffon rouge, les glands de laine blanche à la base des cornes, et deux ficelles sous les glands. Dans la course effrénée qui s'ensuit, gare à celui qui ne saute pas assez vite par-dessus la barrière. Depuis la guerre, une dizaine de razeteurs en sont morts.

Collioure, barque catalane.

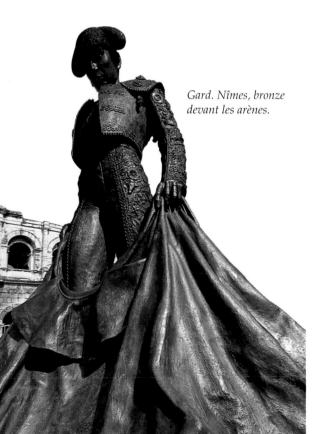

Gard. Nîmes, bronze devant les arènes.

LES ANIMAUX FANTASTIQUES

Quelques animaux ont marqué la légende ou l'histoire du Languedoc. Le chameau de Béziers servit de monture à saint Aphrodise et est fêté fin avril. L'âne de Gignac sauva sa ville en brayant si fort qu'il prévint à temps les habitants d'une attaque des Maures. Il est fêté à l'Ascension. La chèvre de Montagnac donnait un lait miraculeux qui guérit la femme d'un consul. Le hérisson de Roujan, célébré en avril et le 14 juillet, protégea le bourg contre une attaque de la monstrueuse tarasque. Il y eut surtout la très réelle bête du Gévaudan, un (ou plusieurs) loup, qui fit une centaine de victimes entre 1764 et 1766.

La côte languedocienne

AGDE, LA PERLE NOIRE DE LA MÉDITERRANÉE

Il restait peu de traces de l'antique Agathé Tyché (la Bonne-Fortune) avant ce fameux dimanche de septembre 1964 où fut remonté du fond de l'Hérault le merveilleux « Éphèbe d'*Agde* », un bronze hellénistique du IVe siècle avant notre ère. Longtemps exposé au Louvre, il a retrouvé les rives de la Méditerranée au printemps 1987.

À l'abri du volcan du mont Saint-Loup, les Phocéens puis les Romains avaient aménagé un port bien abrité. Repoussé à l'intérieur des terres par les alluvions du Rhône, le port a été supplanté par Sète. Les basaltes du mont Saint-Loup ont servi à l'édification de nombreuses maisons et de la cathédrale Saint-Étienne, aux épais murs fortifiés couronnés de mâchicoulis et de créneaux. Le clocher carré, haut de 35 mètres, servait de donjon. Ce sanctuaire aurait été établi sur l'emplacement d'un temple de Diane.

De splendides édifices se nichent dans les vieux quartiers d'Agde : l'église Saint-André (1525), l'église Saint-Sever (1499), l'Hôtel de Ville avec sa loge et ses arcades, la fontaine Bonaparte et le musée Agathois

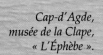

Cap-d'Agde,
musée de la Clape,
« L'Éphèbe ».

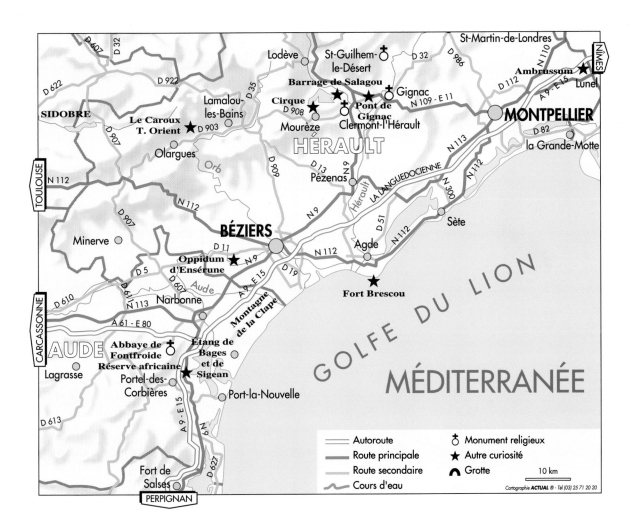

Agde, cathédrale Saint-Étienne.

qui abrite d'importantes collections sur l'histoire de la ville.

À *Besson*, découvrez le centre de distillation du Ricard et, à Bouzigues, le musée de la Conchyliculture.

Au large du cap d'Agde, le fort de Brescou observe les métamorphoses de la côte. Marinas, villas, hôtels et immeubles ont poussé le long de la corniche volcanique. Mais pas de béton envahissant. L'harmonie méditerranéenne a été préservée.

AMBRUSSUM
L'ANTIQUE

Ambrussum est à sept kilomètres au nord-est de Lunel, sur le territoire de la commune de Villetelle. Depuis les premières fouilles de 1967, le site est devenu l'un des principaux témoins de la vie en Languedoc du IIIᵉ millénaire avant notre ère jusqu'à l'occupation romaine. Situé sur la voie Domitienne qui menait du Rhône aux Pyrénées, l'oppidum d'Ambrussum a servi d'étape et de refuge. De cette double activité subsistent une remarquable voie pavée, des restes de remparts et de tours, des soubassements d'habitations et le merveilleux pont Ambroix, dont il ne subsiste plus qu'une arche. Les autres ont été emportées par les crues du Vidourle, celle de 1933 notamment.

Béziers, cathédrale Saint-Nazaire.

BÉZIERS,
FIEF DE L'OCCITANISME

Longtemps sur *Béziers* a plané l'horreur de juillet 1209. La population entière fut massacrée, cathares ou catholiques, après qu'eut retenti le fameux « Tuez-les tous, Dieu reconnaîtra les siens » du légat Arnaud. Sept mille personnes périrent en la seule église de la Madeleine ! La vie aujourd'hui prédomine. Sans doute un effet du soleil, du rugby, et des vignes environnantes…

Dominant l'Orb et la région biterroise, l'ancienne cathédrale Saint-Nazaire est un bel édifice fortifié. Une rose de dix mètres de diamètre s'ouvre dans la façade. La nef conserve des vestiges de la première église romane incendiée par Simon de Montfort.

Plus ancienne, la basilique Saint-Aphrodise est dédiée au patron de la ville qui fut martyrisé au Iᵉʳ siècle de notre ère. Le sarcophage du saint évêque sert de cuve baptismale. L'eau en serait miraculeuse. La fête d'Aphrodise, le 29 avril, est l'occasion de la procession du « camel », colossale effigie du chameau sur lequel Aphrodise fit son entrée dans Béziers.

Après une visite au musée du Vieux-Bitterois, consacré à l'histoire de la ville et du vin, on peut aller rêver dans les allées imprévues du plateau des Poètes, un ravissant jardin au bout des allées Paul-Riquet. Pierre Paul de Riquet (1604-1680), Bitterrois d'origine, est l'illustre

Le Languedoc-Roussillon

Béziers, plateau des Poètes.

créateur du canal du Midi entre l'Atlantique et la Méditerranée. Béziers possède deux des plus curieux ouvrages de ce canal : le « pont-canal » qui fait passer les péniches par-dessus l'Orb, et l'escalier d'eau qui leur fait escalader la colline de Fonséranes.

Le vin a longtemps fait la richesse du Biterrois. Au XIXe siècle, une centaine de châteaux fleurissent au milieu des vignes, improbables folies de propriétaires richissimes. Voyez le château de *La Tour* (1887), avec ses boiseries et sa cheminée de faïence et de pierre, le château de Roueïre, ceux du Contrôle, de La Jourdonne, de Libouriac, le château classique de *Raissac* et ses serres, celui de *Belle-Île* dont le propriétaire invita la Scala de Milan dans son immense auditorium…

À une vingtaine de kilomètres au nord-ouest de Béziers par la D 14, l'abbaye prémontrée de *Fontcaude* offre, au creux d'un vallon, sa superbe abside romane voûtée en cul-de-four.

Ensérune, l'oppidum.

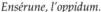

ENSÉRUNE LA SOLAIRE

*E*nsérune est un oppidum qui domine de 120 mètres la plaine biterroise. Ce site privilégié a été occupé depuis la plus haute Antiquité. Les fouilles, commencées en 1915, ont montré qu'au VIe siècle av. J.-C. on y entreposait des vivres dans des silos creusés dans le roc. Sous l'influence grecque, l'acropole se couvre de maisons en pierres protégées d'un rempart. Un espace est réservé aux incinérations funéraires. Les Gaulois puis les Romains érigent de nouvelles fortifications, pavent les rues, créent un réseau d'égouts.

Puis la cité s'endort au Iᵉʳ siècle de notre ère.

Les trouvailles archéologiques sont exposées au musée : jarres (« dolia »), coupes attiques…, et même un œuf intact, déposé dans une tombe voici plus de vingt-cinq siècles !

Au pied de la colline, le sol dessine une immense roue solaire. N'y voyez aucun signe ésotérique. Au XIIIᵉ siècle, pour assécher l'étang de *Montady*, nos ancêtres ont creusé un faisceau rayonnant de fossés qui se déversaient au centre, dans un collecteur. De là, un canal souterrain conduisait les eaux vers l'étang de Capestang.

L'ABBAYE DE FONTFROIDE

En l'an 1093, une poignée de moines pérégrine dans les Corbières arides, en quête d'un lieu de prière. Au creux d'un vallon peuplé de cyprès, d'arbousiers et de cistes, les pèlerins découvrent une source fraîche (« Fons froide »), oasis de paix propice à la méditation. Ils y fondent un monastère affilié dès 1143 à l'ordre de Cîteaux. Au Moyen Âge la puissance de *Fontfroide* est énorme. Elle est un rempart de l'orthodoxie face au catharisme. En janvier 1208, l'assassinat de l'un de ses moines, Pierre de Castelnau, devenu légat du pape, sert de prétexte à la croisade contre les Albigeois. De 1311 à 1317, l'abbaye est dirigée par Jacques Fournier qui devient pape en 1334 sous le nom de Benoît XII. Puis l'opulence fait oublier la rigueur cistercienne. Vendue à la Révolution, défigurée, sur le point d'être cédée pierre à pierre aux Américains, Fontfroide renaît au

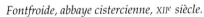

Fontfroide, abbaye cistercienne, XIIᵉ siècle.

Fontfroide, la salle des gardes de l'abbaye.

XXᵉ siècle par les soins de ses nouveaux propriétaires, les Fayet.

Passée la cour d'honneur, œuvre des fastueux abbés du XVIIᵉ siècle, les bâtiments sont d'époque médiévale. Ils marient curieusement mystique et agrément. Le cloître gothique est un joyau du XIIIᵉ siècle, en partie remanié au XVIIᵉ. L'ombre et la lumière y vibrent en harmonie. L'église abbatiale, commencée dans la seconde moitié du XIIᵉ siècle, est remarquable par la hauteur de sa nef aux voûtes en berceau brisé. Des chapelles collatérales lui ont été adjointes aux XIIIᵉ et XVᵉ siècles. Hors du temps paraissent la salle des morts, avec son calvaire en pierre, la salle capitulaire, les cellules qui rompaient avec la règle des dortoirs communs, le cellier du XIᵉ siècle et les féériques jardins à l'italienne. « Fontfroide, les eaux y sont glacées mais les cœurs sont de flamme », disait Déodat de Séverac.

Fontfroide, le cloître.

La Grande-Motte, hôtel Frantour.

Gruissan et les étangs.

LA GRANDE-MOTTE

Dans les années 60, les pelleteuses ont fouillé les étangs ; des digues, des ports de plaisance ont été construits. D'Argelès au Rhône, le rivage du golfe du Lion a connu la marée du béton, un chapelet d'hôtels, d'immeubles résidentiels, de villas, de camps de camping, tous les pieds dans l'eau, entre la mer et les étangs. La Grande-Motte et Leucate font figure de précurseurs.

Entre l'étang du Ponant, celui de l'Or et la mer, *La Grande-Motte* est la cité des « pyramides », imaginées par Jean Balladur et une équipe d'architectes. Tout y est conçu pour les loisirs : yacht-club, port, courts de tennis, casino, boîtes, restaurants. On se rassure en se souvenant que la plage n'est pas loin, derrière les façades de huit ou dix étages. Et l'on rêve aux châteaux de sable d'autrefois.

GRUISSAN, 37°2 LE MATIN

Entre la mer et la montagne, sentinelle des étangs, *Gruissan* est un nid qui enroule ses maisons autour des ruines de la spectrale tour de Barberousse (XIIIᵉ siècle).

À deux kilomètres de là, entre l'étang du Grazel et la mer, la station nouvelle de *Gruissan-Plage* aligne ses chalets lacustres dont les pilotis protègent des inondations et des tempêtes, fréquentes aux équinoxes.

Dominant le vieux village, la montagne de la *Clape* (214 mètres) est un rocher de paix au cœur de la garrigue. Parmi les cyprès et les genêts, un chemin pierreux, nécropole sans dépouilles, aligne les stèles à la mémoire des marins disparus en mer. Au sommet, bâtie sur une grotte-ermitage, la chapelle Notre-Dame-des-Auzils, ou du Bon-Secours, est le sanctuaire des marins de Gruissan.

Sur la rive sud de l'étang de *Sigean*, une réserve africaine permet aux fauves, aux antilopes, aux rhinocéros, aux alligators, aux flamants roses de s'ébattre en liberté sur plus de 100 hectares.

Créée en juillet 1844 par Louis-Philippe, la station de *Port-la-Nouvelle* arbore au domaine de Jugne l'imposant squelette d'une baleine échouée sur le rivage en novembre 1989. Tout près, la plus grande ferme éolienne de France

Gruissan.

a été édifiée en 1993. Elle compte cinq éoliennes géantes de 39 mètres de haut.

Traversant la A 9, vous parviendrez à *Portel-des-Corbières*. Ici, à 80 mètres sous la surface des Corbières, dans les galeries où vieillit le vin des caves Rocbère, vous découvrirez une villa gallo-romaine avec ses passages pavés, son atrium, ses thermes et sa fontaine, le tout reconstitué au cœur d'une cathédrale souterraine de gypse.

Abbaye de Lagrasse, cloître du XVIIIe siècle.

Vue générale de Lagrasse.

L'ABBAYE DE LAGRASSE

Sur les rives de l'Orbieu, que franchit un pont médiéval, l'ancienne bastide de Lagrasse est célèbre pour son abbaye bénédictine fondée en 778. Des temps carolingiens ne subsistent plus que des tables d'autel et la base de la tour nord. Les bâtiments que nous avons sous les yeux ont été élevés du Xe au XVIIIe siècle. On remarquera la chapelle primitive du XIe siècle, l'église et la chapelle Saint-Barthélemy (fin XIIIe siècle), la belle salle des Gardes (XVe siècle), le clocher monumental, édifié par l'abbé Philippe de Lévis (1502-1537), le grand escalier, le palais abbatial et le cloître (1745-1760).

MAGUELONE, LA CATHÉDRALE DES PAPES

Émouvante et insolite vision, *Maguelone* la solitaire émerge des lagunes. L'étang de Melgueil protège cet îlot prédestiné qui fut habité dès la haute Antiquité. Centre spirituel de la région, évêché du VIe au VIIIe siècle puis du XIe au XVIe siècle, Maguelone a une histoire prestigieuse. La cathédrale, édifiée par l'évêque Arnaud à partir de 1030, agrandie et embellie jusqu'en 1178, est un chef-d'œuvre du roman languedocien. Une enceinte la protégeait contre d'éventuels envahisseurs et plusieurs papes y trouvèrent refuge au XIIe siècle. Mais en 1536 le siège épiscopal est transféré à Montpellier ; en 1632, Richelieu fait démanteler les fortifications ; le pont qui reliait Maguelone au continent est englouti dans l'étang ; Maguelone s'endort.

Dernier témoin de ce passé, la vieille cathédrale a été sauvée de la ruine par Frédéric Fabrèges (seconde moitié du XIXe siècle). Découronné de ses créneaux sur ordre de Richelieu, l'édifice conserve un aspect fortifié avec ses puissants contreforts, ses archères et la tour nord, dite du Saint-Sépulcre. L'admirable portail d'entrée présente en son tympan un christ bénissant, sculpté dans le marbre. Le linteau, taillé dans une borne milliaire romaine, en marbre gris, est décoré de feuillages. Il porte une inscription latine datée 1178. En voici la traduction : « À ce havre de vie, venez, vous qui avez soif. En franchissant ces portes, régénérez-vous : prie en entrant ici, et pleure tes péchés. Quelle que soit la faute, elle est lavée par les larmes. » De part et d'autre de la porte, deux bas-reliefs de marbre blanc représentent saint Paul (à gauche) et saint Pierre (à droite).

L'intérieur du sanctuaire unit l'austérité du recueillement à la savante harmonie des propor-

Maguelone, ancienne cathédrale.

23

La cathédrale dans la lagune.

tions. Les deux premières travées de la nef sont coupées à mi-hauteur par une tribune autrefois réservée aux chanoines. Elle masque en partie les formidables arcs doubleaux soutenant la voûte en berceau brisé, œuvre de Jean de Montlaur. Sur le côté droit de la nef, la chapelle Saint-Augustin est le seul vestige de la cathédrale de l'évêque Arnaud (1030). L'abside en cul-de-four est flanquée de deux absidioles nichées dans l'épaisseur du mur. Le croisillon nord, ou chapelle du Saint-Sépulcre, abrite un sarcophage en marbre, du VIe siècle, surnommé tombeau de la Belle-Maguelone. Au croisillon sud, la chapelle Sainte-Marie est éclairée par une haute baie romane. La porte murée communiquait avec le cimetière. Près des sarcophages médiévaux, devant l'autel roman, repose Frédéric Fabrèges († 1915), sauveur de Maguelone.

Château d'eau du XVIIIᵉ siècle, promenade du Peyrou.

Promenade du Peyrou, Louis XIV.

MONTPELLIER
LA SURDOUÉE

Le nom de *Montpellier* vient de « Monspistillarius », le mont des Épiciers. Au Xᵉ siècle en effet, la ville était le rendez-vous des marchands d'épices. Puis vinrent les banquiers, les pèlerins en route pour Saint-Jacques-de-Compostelle, et les médecins curieux des vertus thérapeutiques des épices. L'université de médecine s'installe aux XIIᵉ-XIIIᵉ siècles. Jamais depuis lors son renom ne s'est démenti. Rabelais y a fait ses études dans les années 1530. Les étudiants de nos jours contribuent à la vitalité de Montpellier, devenue capitale régionale.

Le Languedoc-Roussillon

Aqueduc Saint-Clément, XVIIIᵉ *siècle.*

Le Languedoc-Roussillon

Mais sa richesse monumentale, c'est aux opulents bourgeois que la cité la doit. En 1688, ils ont voulu complaire au roi en établissant la fameuse promenade du Peyrou, dessinée par Giral. Elle s'ouvre sur un arc de triomphe à la gloire de Louis XIV, et s'élève en terrasses jusqu'à un ravissant château d'eau en forme de temple corinthien. Il reçoit les eaux du Lez par un aqueduc à arcades long de 880 mètres, haut de 22 mètres.

Pour affirmer leur puissance, les bourgeois ont encore édifié nombre de palais somptueux. C'est d'abord l'hôtel Jacques-Cœur, qui fut l'un des sièges de l'illustre marchand dans les années 1440. Puis les hôtels XVIIe-XVIIIe siècle de Rodez-Bénavent, Saint-Côme, de Mirman, au bel escalier, de Solas, aux admirables plafonds, de Montcalm, Saint-André, Jean Deydé... Certains abritent des musées célèbres, tel le musée Fabre où sont réunies des œuvres de Véronèse, Zurbaran, Greuze, David, Corot, Ingres, Delacroix, Courbet, Houdon... L'hôtel de Lunaret accueille des collections archéologiques. L'hôtel de Varenne présente des reconstitutions de la vie traditionnelle languedocienne, et le musée Atger, au premier étage de la faculté de médecine, expose un riche ensemble de dessins d'artistes.

L'arc de triomphe à la gloire de Louis XIV.

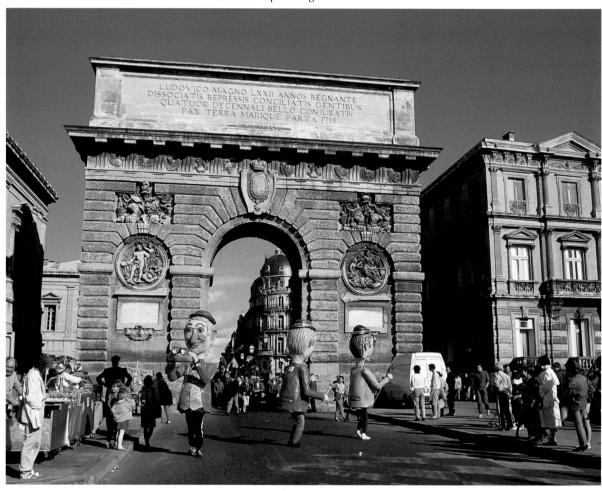

*Hôtel Cambacérès, place Carnougue,
XVIIIᵉ siècle.*

*Hôtel des Trésoriers
de la Bourse, deuxième cour.*

Place du marché aux fleurs.

Le Languedoc-Roussillon

Les amateurs d'édifices religieux seront un peu déçus. Les guerres de Religion ont fait ici des ravages. Toutefois la cathédrale Saint-Pierre, du XIVe siècle, restaurée au XVIIe et au XIXe, ainsi que l'église Notre-Dame-des-Tables (XVIIe) méritent une visite.

Pour vivre la beauté, le charme de Montpellier, il faut encore flâner au gré du hasard, de place en place, de rue en rue. Sur la place de la Comédie, familièrement surnommée « l'Œuf », voici l'Opéra (1888), brillant

Hôtel de Varennes.

décor pour *les Trois Grâces* d'Étienne d'Antoine. La petite place Saint-Ravy sert de parvis au beau palais des Rois de Majorque. La tour de la Babotte, ou celle des Pins, vestiges des remparts, évoquent le Moyen Âge. Et l'on trouvera paix et fraîcheur dans les jardins de l'Esplanade, ou au jardin des Plantes, le plus ancien jardin botanique de France puisqu'il a été créé en 1593 par Pierre Richer de Belleval. Vous y aurez une pensée pour le botaniste Pierre Magnol,

Hôtel de Mirman, XVIIe siècle.

qui œuvra ici et donna son nom au magnolia ; vous méditerez sous le fameux ginkgo biloba planté en 1795, ou près de la vieille filaire surnommée « la boîte aux lettres des amoureux ».

Nostradamus avait annoncé la ruine de Montpellier quand la tour des Pins aurait perdu ses arbres. Les pins ont fait place à des cyprès, soigneusement entretenus, et de nouveaux quartiers poussent au long du Lez capricieux, jusqu'au port Juvénal dominé par les superbes

Place de la Comédie, fontaine des Trois-Grâces.

Place de la Comédie, l'esplanade.

Rue du Bras-de-Fer.

constructions néo-classiques de Ricardo Bofill.

Alentour, les Montpelliérains des XVIIe-XVIIIe siècles ont semé la campagne de « folies » et de châteaux. Les plus beaux sont ceux de *Flaugergues*, de la *Mogère*, d'*O*, de l'*Engarran*, d'*Assas*. Plus loin, voici le magnifique château classique de *Castries*, et celui de *Villevieille*, au-dessus du pittoresque village fortifié de *Sommières*.

Folie du XVIIe siècle, château de Flaugergues.

Narbonne, palais des Archevêques.

NARBONNE, CAPITALE ANTIQUE

Fondée en 118 av. J.-C., Narbo Martius, l'actuelle *Narbonne*, fut longtemps capitale de la Gaule narbonnaise, une province romaine qui couvrait à peu près toute la Gaule méridionale. Métropole économique sur la route entre l'Italie et l'Espagne, résidence des rois wisigoths, cité archiépiscopale, fief des comtes de Toulouse, Narbonne s'est endormie après l'ensablement de son port et le détournement des grandes voies commerciales vers la vallée du Rhône et les cols alpins. Depuis le siècle dernier, la vigne lui a fait recouvrer de son animation.

Il ne reste rien des antiques monuments romains, détruits sur ordre de François Ier pour en utiliser les pierres dans la

construction des murailles. Mais Narbonne offre de très beaux édifices médiévaux, à commencer par l'étonnante et grandiose cathédrale Saint-Just. Commencée en 1272 sous l'impulsion du pape Clément IV, ancien archevêque de Narbonne, elle serait aujourd'hui l'une des plus grandes cathédrales d'Occident si les édiles ne s'étaient opposés à la destruction du rempart. Le

Palais des Archevêques, donjon Gilles-Aycelin, XIIIᵉ siècle.

Ancien carmel.

Horreum, entrepôt romain.

Salle du Monde des morts.

chœur fut donc seul édifié. Ses hautes voûtes gothiques s'élèvent à 41 mètres. Les arcs-boutants s'achèvent en tourelles, des créneaux remplacent les balustrades, et deux puissantes tours carrées épaulent la façade. La cathédrale s'intégrait ainsi dans le système défensif.

Saint-Just possède un remarquable mobilier religieux, orgue aux boiseries sculptées, tapisseries, tableaux, une vierge en albâtre du XIVe siècle et plusieurs tombeaux qui clôturent le chœur. Sous la chapelle de l'Annonciade, la salle du Trésor abrite des ostensoirs précieux, des ivoires des Xe-XIIe siècles, des manuscrits enluminés et une tapisserie flamande du XVe siècle représentant la Création.

Attenant au flanc sud, le cloître reliait l'église à l'archevê-

ché. Quelques marches donnent sur le passage de l'Ancre, une rue fortifiée entre le vieux palais épiscopal du XIIe siècle et le « palais neuf » du XIVe siècle (côté sud). Ces deux palais présentent de

Musée d'Art et Histoire, palais des Archevêques.

belles cours intérieures, des galeries et des salles somptueuses, anciens appartements des archevêques. Le Musée archéologique et le musée d'Art et d'Histoire y sont installés. Sur l'ancien marché aux Herbes, la façade est dominée par trois grosses tours. Entre le donjon Gilles-Aycelin (XIIIᵉ siècle) et la tour Saint-Martial, Viollet-le-Duc a niché l'Hôtel de Ville.

De l'autre côté de la Robine, la basilique Saint-Paul, édifiée en 1229, se distingue par la hardiesse de ses voûtes et de ses piliers. C'est le second centre spirituel de la cité, l'antique nécropole où furent inhumés l'évêque Paul et les premiers chrétiens. Une crypte paléochrétienne a été dégagée. L'on y conserve plusieurs sarcophages.

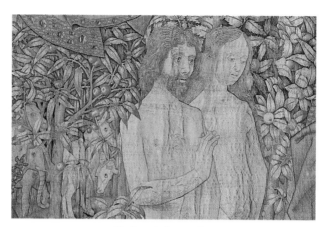

Tapisserie flamande,
« La Création du monde »,
XVIᵉ siècle.

Les amateurs de vieilles pierres visiteront le Musée lapidaire, l'un des plus riches du monde. Aménagé dans une église désaffectée, il expose des sarcophages, des chapiteaux sculptés, des stèles et des blocs provenant des anciennes murailles. À voir encore le pont des Marchands, sur la Robine, et la maison des Trois-Nourrices, aux plantureuses cariatides du XVᵉ siècle. Cinq-Mars y aurait été arrêté après l'échec de sa conspiration contre Richelieu.

Natif de la cité, Charles Trénet ne nous démentira pas : « Fidèle ! Je suis resté fidèle... à Narbonne mon amie. »

Flâner dans Narbonne.

PÉZENAS, LA PERLE DES CONTI

Pézenas, jour de marché.

Classée « ville d'art » en 1950, *Pézenas*, le « Versailles du Languedoc », a conservé de son glorieux passé une exceptionnelle richesse monumentale. Ses foires drapantes du XIIIe siècle ont enrichi la bourgeoisie locale. Les États du Languedoc, siégeant à Pézenas entre 1456 et 1692, ont attiré noblesse de robe et fonctionnaires. Les gouverneurs, les Montmorency puis les Conti, ont voulu donner à la cité un visage de capitale. Molière, « comédien de S.A.S. le prince de Conti », résidait chez le barbier Gély. Ses représentations théâtrales de 1650, 1653 et 1655-1656 à la Grange-des-Prés ont fait les beaux jours de Pézenas. Mais la ville est frondeuse ; le pouvoir monarchique s'en méfie ; ses privilèges lui sont retirés et elle s'endort lentement au long du XVIIIe siècle.

La beauté de Pézenas est discrète. Il faut pousser les portes de ses vieux hôtels pour en découvrir le luxe princier. Au n° 8 de la rue François-Oustrin, voici l'hôtel des Barons de Lacoste (XVe-XVIIe siècle). Place Gambetta, jadis

Hôtel de Lacoste, escalier, XVe siècle.

marché aux blés, se trouve la boutique du barbier Gély (XVIIe siècle) et la Maison consulaire où se réunissaient les États de Languedoc. À deux pas, le musée Vulliod-Saint-Germain présente des tapisseries, des faïences, des meubles anciens et des sculptures. Les rues Béranger et Montmorency longent les vestiges de l'enceinte médiévale. Dans la rue Sabatier, l'on remarquera la maison des Pauvres (XVIIIe siècle) ; rue de la Foire, l'hôtel de Wicque (XVIe siècle) et l'hôtel des Carrion-Nizas (XVIe-XVIIe siècle) ; rue Saint-Jean, la collégiale Saint-Jean est l'œuvre de J.-B. Franque (1740). À son côté, la sacristie des Pénitents-Blancs est du XVIe siècle, et face à la collégiale, l'hôtel des Commandeurs de Saint-Jean-de-Jérusalem est du XVIIe siècle. Entre cent palais, signalons encore l'hôtel de Conti, l'hôtel d'Alfonce avec ses loggias, l'hostellerie du Bat-d'Argent,

Le Languedoc-Roussillon

l'hôtel Malibran, l'hôtel l'Épine, l'hôtel Pastre, l'hôtel de Grasset… Le flâneur aura plaisir à les découvrir en suivant l'itinéraire de visite établi par l'office de tourisme. On ne quittera pas les splendeurs de Pézenas sans une incursion dans le sombre ghetto des rues Juiverie et des Litanies, inchangées depuis le XIVe siècle.

Une visite à Pézenas sera l'occasion d'excursions au prieuré de *Cassan*, bel ensemble classique, et à l'abbaye de *Valmagne*, « la cathédrale des vignes », fondée en 1138.

SALSES L'IMPRENABLE

*S*alses commandait la frontière entre la France et l'Espagne. En 1497, l'ingénieur aragonais Ramirez y édifie une redoutable forteresse conçue pour résister à l'artillerie. Au cœur de la plaine viticole, les énormes murs de brique et de pierre s'enfoncent dans le sol. Le fort rectangulaire

Echauguette nord-est.

Entrée principale du fort.

(115 mètres sur 90) est cerné de fossés larges de 12 à 15 mètres, profonds de 7 mètres. le rempart atteint 12 mètres d'épaisseur. Aux angles, quatre tours circulaires sont percées de canonnières. Des bastions en avancée contrôlent toutes les voies d'accès. Le donjon s'élevait à 35 mètres. Il a été remanié par Vauban et ramené à une hauteur de 25 mètres. Les écuries pouvaient accueillir trois cents chevaux. Les logements, sous le chemin de ronde, étaient conçus pour mille hommes.

Sète, vue générale, vieille ville, canal et port.

SÈTE
ET LE CIMETIÈRE
MARIN

Comme tous les Sétois, Georges Brassens enfant passait le plus clair de son temps à se baigner dans la Méditerranée. Comme Valéry, il aimait le cimetière marin d'où la mer apparaît comme un toit.

Ce toit tranquille où marchent des colombes,
Entre les pins palpite, entre les tombes ;
Midi le Juste, y compose de feux
La mer, la mer toujours recommencée.

(Paul Valéry, *Charmes*, 1922).

Autres célébrités de la ville, le guitariste Manitas de Plata et Yvette Labrousse, devenue la Bégum après son mariage avec l'Agha Khan en 1944.

Sète jadis était une île culminant au mont Saint-Clair. Deux langues de sable l'ont reliée au continent. Au XIXe siècle, les cinquante-deux arches du pont de La Peyrade l'ont rattachée à Frontignan. Les travaux du vieux port, décidés par Louis XIV en 1666, ont été achevés par Pierre Paul de Riquet en 1669. La créa-

Le Languedoc-Roussillon

Sète, le canal, les joutes.

tion du bassin Orsetti en 1950, puis du port de mer à la fin des années soixante, ont fait de Sète l'un des grands ports français.

Il est fini le temps où les chalutiers, les pinardiers et les navires transportant du sel accostaient au cœur de la ville. Le vieux port s'est converti dans la plaisance. Ses quais et les vieux quartiers alentour conservent pourtant une saveur tenace, mélange d'odeurs de poissons, de couleurs vives et de joie de vivre. En août, le bassin est le théâtre des joutes qui opposent

traditionnellement deux quartiers de la ville, la Bordigne et le Môle.

Dominant la promenade de la Corniche et le môle Saint-Louis, le cimetière marin abrite le tombeau de Valéry. Tout proche, le musée Paul-Valéry présente de nombreux documents sur l'histoire de Sète et des souvenirs du poète qui naquit le 30 octobre 1871 au 65 de la Grande Rue.

Vers le nord, *Balaruc* est une station thermale réputée depuis l'Antiquité. Le gendre de Madame de Sévigné y venait soigner sa

goutte et l'on y applique toujours aux rhumatisants des boues d'origine marine qui font merveille.

Par la route de la Corniche, l'on gagnera le *mont Saint-Clair*, une éminence de 175 mètres dont la tour d'orientation offre une vue inoubliable sur Sète, l'étang de Thau et ses élevages d'huîtres, les Cévennes et jusqu'aux Pyrénées. Mais plus qu'un panorama, ce mont est un lieu saint dédié à Clair, protecteur des aveugles, et à Notre-Dame-de-la-Salette que l'on fête ici le 19 septembre et le 19 octobre.

Le Roussillon et ses secrets

INCURSION EN ARIÈGE CATHARE

Château de Montségur.

Planté sur un piton à 1 262 mètres d'altitude, *Montségur* est le symbole de la résistance cathare. Au matin du 16 mars 1244, 205 « hérétiques », parmi lesquels 50 « parfaits », sortent du château, descendent en chantant jusqu'au « champ des Crémats » et se pressent sereins sur un énorme bûcher. Les flammes de ce martyre collectif marquent dans l'horreur la fin des massacres de la croisade.

Montségur est un mystère. La citadelle a été construite au début du XIIIe siècle pour une communauté cathare. Elle est à l'écart de tout site stratégique ou commercial, sans réelle valeur défensive. S'agirait-il donc d'un temple à l'architecture secrète, dont les murailles en pentagone établiraient des correspondances entre les forces telluriques et le zodiaque ? Fut-il le tabernacle du Graal, ce trésor sacré probablement spirituel ? La « porte

Le Languedoc-Roussillon

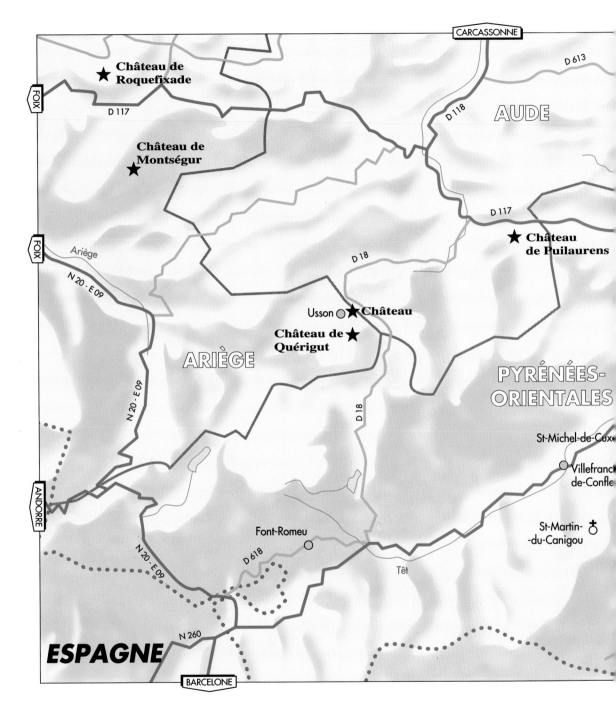

CARCASSONNE

D 613

FOIX

Château de
Roquefixade

D 117

D 118

AUDE

Château de
Montségur

D 117

FOIX

Ariège

D 18

Château
de Puilaurens

N 20 - E 09

Usson ○ ★ Château

Château de
Quérigut

N 20 - E 09

ARIÈGE

PYRÉNÉES-
ORIENTALES

D 18

St-Michel-de-Cux

ANDORRE

○ Villefranc
de-Confle

Font-Romeu ○

St-Martin-
-du-Canigou

N 20 - E 09

D 618

Têt

N 260

ESPAGNE

BARCELONE

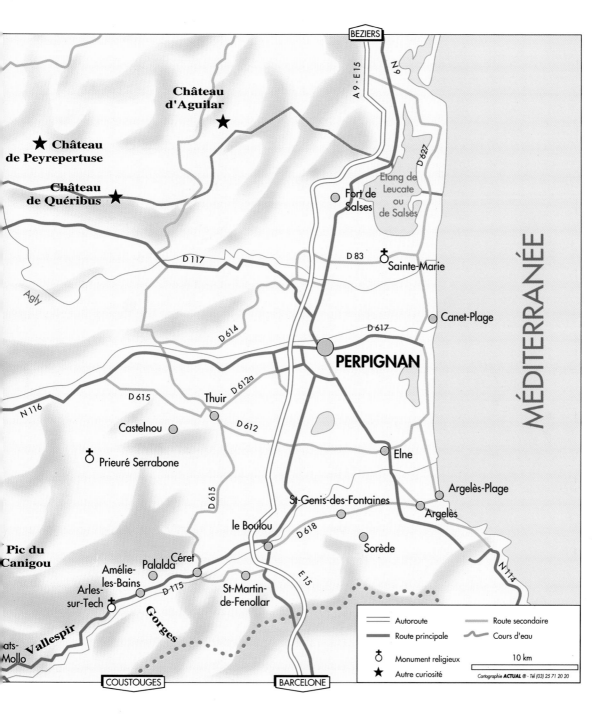

BEZIERS

A 9 - E 15

N 9

D 627

Château
d'Aguilar

★ Château
de Peyrepertuse

Château
de Quéribus ★

D 117

Fort de
Salses

Étang de
Leucate
ou
de Salses

Agly

D 83

Sainte-Marie

Canet-Plage

D 614

D 617

PERPIGNAN

MÉDITERRANÉE

N 116

D 615

D 612a

Thuir

D 612

Castelnou

Prieuré Serrabone

Elne

D 615

Argelès-Plage

St-Genis-des-Fontaines

Argelès

le Boulou

D 618

**Pic du
Canigou**

Sorède

Céret

Palalda

Amélie-
les-Bains

D 115

N 114

Arles-
sur-Tech

St-Martin-
de-Fenollar

E 15

Gorges

ats-
Mollo

Vallespir

COUSTOUGES

BARCELONE

	Autoroute		Route secondaire
	Route principale		Cours d'eau
☿	Monument religieux		10 km
★	Autre curiosité		

Cartographie **ACTUAL** ® - Tél (03) 25 71 20 20

des Hommes » à l'ouest et celle des Dieux, vers le nord-est, marqueraient-elles le passage de l'humain au divin ? Seule évidence, l'ascension, parfois délicate, prend valeur initiatique lorsque se découvrent, dans un moutonnement de monts, le pic Saint-Barthélemy vers le sud et les hauteurs de Roquefixade au nord-ouest.

Au faîte d'une crête calcaire à l'abrupt vertigineux, *Roquefixade* est aussi une citadelle initiatique. Mais son rôle défensif est plus affirmé qu'à Montsé-

Village de Montségur vu du château.

gur. La grande salle du château, dont il subsiste la muraille nord, était assise au-dessus d'une énorme fissure du rocher. De là vient le nom de Roquefixade, autrement dit « roche fendue ».

LA HAUTE VALLÉE DE L'AUDE

Par les montagnes boisées, l'Aude traverse des domaines isolés, nobles et sauvages : le *Capcir*, balayé par les vents ; le *Donezan* aux habitants frondeurs. Arrêtons-nous d'abord au cœur du Donezan, au château de *Quérigut* (XIIe-XIIIe siècle) planté sur un chaos de rochers. En 1827, les bûcherons des environs, surnommés les « Demoiselles », entrèrent en

Quérigut, château et village.

Usson, ruines du château.

rébellion contre l'autorité royale qui voulait contrôler leur activité. En 1848, la population instaura la république indépendante de Quérigut.

Quelques kilomètres plus loin, à la rencontre de la Bruyante et de l'Aude, enveloppées dans les vapeurs sulfureuses des fontaines locales, les ruines du château du Son, devenu *Usson* au XVIIIe siècle, s'accrochent à un fantastique éperon. On prétend que ces murailles furent l'ultime cachette du trésor des cathares. Aux portes même d'Usson, la vallée de l'Aude se resserre en d'âpres gorges aux parois abruptes. Dans le canyon Saint-Georges, la muraille rocheuse dépasse les 100 mètres. Au défilé de *Pierre-Lys*, sur trois kilomètres, la route et la voie ferrée suivent l'étroit passage du torrent déchaîné qui s'épanouit enfin dans le bassin de *Quillan*.

Le Languedoc-Roussillon

CASTELNOU

Tout près de Thuir et des caves où se prépare le byrrh, le village de *Castelnou* est un merveilleux exemple de village fortifié, paisiblement assoupi à l'abri de ses remparts. Au pied du château des vicomtes de Castelnou, rien ne semble avoir changé depuis la fin du Xe siècle : ruelles caladées, vieilles maisons, murailles.

Et pour les amateurs d'insolite, signalons la colline de Majora, vers le sud-est. Elle est couronnée par les vestiges d'un donjon carré du XIIe siècle. Un curieux phénomène acoustique rend audible à Castelnou tout ce qu'on dit à Majora.

A gauche : Castelnou, porte fortifiée.

Collioure, église Notre-Dame-des-Anges, quartier du Mouré.

COLLIOURE
LA FAUVE

Ici, on a « un pied dans sa vigne et un pied dans sa barque ». Les deux ports de *Collioure*, l'antique Cauco Illiberis, accueillent les barques chargées d'anchois.

L'arrière-pays des Albères, dernier contrefort des Pyrénées, se drape du vignoble de Banyuls.

Picasso, Matisse, Derain et bien d'autres ont aimé le cadre désormais célèbre de l'îlot et de la plage Saint-Vincent avec l'église XVIIe siècle accotée à une tour arabe au dôme rose servant de clocher. Dans le sanctuaire, ils se

sont intéressés au fameux retable baroque de Joseph Sunyer (1702). Ils ont aimé aussi le château des Templiers (XIIᵉ siècle) transformé en résidence d'été par les rois de Majorque, puis fortifié par Vauban.

Ce décor est splendide. On peut lui préférer cependant le vieux quartier du Mouré, moins touristique, avec ses délicieuses ruelles et ses escaliers de schistes qui grimpent par-dessus les toits.

Les bons marcheurs iront en pèlerinage à la chapelle *Notre-Dame-de-Consolation*, dans l'arrière-pays, et pousseront jus-

Village, église, château.

qu'à la tour *Madeloc*, qui surveillait le littoral infesté de barbaresques. De là-haut, conques et caps se découpent en traits nerveux sur le bleu profond de la Méditerranée.

Depuis Collioure, hélas, nul sentier côtier n'a été prévu pour le randonneur. C'est donc en voiture qu'il faut se rendre à *Port-Vendres*, l'ancien « Port-de-Vénus » sexué d'un obélisque en marbre blanc et rouge, haut de 25 mètres. Puis on suivra la *Côte vermeille* par le *cap Béar*, *Banyuls*, le *cap l'Abeille* jusqu'au *cap Cerbère*, dernier port français avant l'Espagne.

Barques catalanes et château.

CITADELLES CATHARES
DES CORBIÈRES

Puilaurens était le fief de Guillaume de Puylaurens, ennemi juré de Simon de Montfort. L'imprenable forteresse résista aux Français jusqu'en 1255. Devenue place royale, Puilaurens monta la garde aux frontières de l'Espagne. La seule entrée du château, au sud, est contrôlée par des murailles en chicane où sinue l'étroit sentier. Le donjon carré est du XIe siècle ; l'enceinte a été agrandie et consolidée aux XIIe-XIIIe siècles. Dans les fondations du donjon, un tunnel creusé dans le roc mène au pied de l'escarpement ouest.

Confondu dans le roc qui le porte, *Peyrepertuse* est la plus grande citadelle cathare du Midi. On y accède au départ de Duilhac par un sentier rude mais praticable. Les vraies difficultés commencent au sein même de ce château gigogne qui superpose trois constructions des XIe-XIIIe siècles. Ceux qui oseront affronter les degrés rocheux de « l'échelle Saint-Louis » et l'étroite corniche de la porte, découvriront de fascinantes salles médiévales dont les meurtrières sont orientées suivant le lever du soleil au solstice d'été.

Puilaurens.

Quéribus.

Le Languedoc-Roussillon

Peyrepertuse.

Planté sur une simple colline, le château d'*Aguilar*, l'un des « cinq fils de Carcassonne », présente une vaste enceinte à six tours et un donjon polygonal.

Quéribus fut le dernier foyer de résistance cathare. Il est tombé en 1255. Ses ruines aériennes couronnent un piton des Corbières, à 650 mètres au-dessus du Maury. L'étonnante « salle gothique » carrée du donjon polygonal ne laisse pas d'intriguer les historiens. Le pilier central, en palmier d'ogives, est décalé par rapport au centre. L'ombre qu'il porte aux embrasures exprime à chaque heure une position zodiacale.

ELNE, LA CAPITALE SACRÉE

*E*lne est un sanctuaire de haute Antiquité. La fille du roi Pyrène s'y serait immolée par le feu après le départ d'Hercule. La cité se nommait Illibéris. Elle est devenue Castrum Hélène, et donc Elne, par la volonté de l'empereur Constantin, fils de sainte Hélène. Au VIᵉ siècle, Elne devient siège épiscopal. Derrière les murailles reconstruites en 1150, l'animation est grande, le commerce actif. Mais Elne est au cœur de la marche d'Espagne, enjeu des rivalités entre le Roussillon et la Catalogne, puis entre la France et l'Espagne. La cité est pillée en 1285, ses habitants égorgés dans la cathédrale.

Elne, le cloître et ses colonnes jumelées et sculptées, décor végétal, animaux fantastiques.

Nouvelles destructions en 1474. Elne décline. Le 30 juin 1602, l'évêque s'établit à Perpignan. Rien ne devait plus troubler le village assoupi.

Rien, hormis peut-être les amateurs d'art, mais qui sont gens de calme et de contemplation. La cathédrale Sainte-Eulalie les fascine. Elle a été construite au XIᵉ siècle. C'est une basilique sans transept, dont la façade crénelée est dominée par un puissant clocher carré et par

Font-Romeu, l'Ermitage.

FONT-ROMEU

Principale station climatique, touristique et sportive de Cerdagne, *Font-Romeu* est située à 1 800 mètres d'altitude. Remarquablement équipée, elle a servi de centre d'entraînement aux athlètes européens avant les jeux Olympiques de Mexico. L'ensoleillement (3 000 heures par an) y est exceptionnel. Le site d'*Odeillo*-Font-Romeu a donc été choisi pour l'implantation d'un four solaire géant, l'un des plus puissants du monde avec celui de Phoenix aux États-Unis. Son immense miroir parabolique concentre l'énergie sur un arc électrique.

Font-Romeu, la « fontaine du romieu », c'est-à-dire du pèlerin, est un haut lieu spirituel. En 1113, près de la fontaine qui coule encore sous le pavé de l'ermitage, un taureau se mit en arrêt devant une statue de la Vierge. Une chapelle fut édifiée

une tour de brique d'époque plus récente. À l'intérieur, la nef est voûtée en plein cintre avec arcs doubleaux. La différence d'épaisseur entre le sommet et la base des piliers, ainsi que la présence d'une archivolte supplémentaire accentuent l'impression de longueur de l'édifice. Les chapelles du bas-côté sud abritent le gisant de l'évêque Raymond Costa († 1310), une pietà en albâtre du XVe siècle et un retable en bois peint consacré à saint Michel.

Le cloître attenant était destiné aux chanoines de la cathédrale. La galerie sud, adossée au sanctuaire, est du XIIe siècle. Les trois autres sont des XIIIe-XIVe siècles. Dans la galerie est, les trois sarcophages en marbre sont d'époque wisigothique (VIe-VIIe siècle). Marbre blanc de Céret, veiné de bleu, arcatures à plein cintre, animaux fantastiques des chapiteaux et des piliers, culs-de-lampe sculptés, tout exprime la plénitude de l'art roman en Roussillon.

Font-Romeu, station.

en cet endroit. L'édifice a été remanié en 1680 et en 1741. Il abrite un superbe retable (1707) et le « camaril » de la Vierge, un « appartement » bonbonnière de style baroque (1712). Tous deux sont du sculpteur catalan Joseph Sunyer. La statue miraculeuse trône dans une niche, derrière le maître-autel. Elle en est extraite le 8 septembre pour être portée à l'église d'Odeillo où elle demeure jusqu'au dimanche de la Trinité. Pendant cette période, elle est remplacée dans la niche par une Vierge noire du XVIIIe siècle.

Derrière la chapelle, serpente un chemin de croix. Il mène à un calvaire d'où la vue est splendide sur toute la Cerdagne.

Si vous suivez la D 618 vers Bourg-Madame, vous découvrirez le fantastique chaos de *Targassonne*, gigantesque amoncellement de blocs de granite.

Gorges de Galamus.

LES GORGES DE GALAMUS

Sans respect des pentes naturelles, l'*Agly* a tranché le dernier contrefort calcaire des Corbières en une gorge abyssale de 500 mètres de profondeur. De Cubières à Saint-Paul-de-Fenouillet, la route en surplomb, vertigineusement consolidée par des murets de pierre, serpente au long de la paroi, dominant torrent et cascades. Une halte s'impose au rond-point de l'Ermitage. Le sentier conduit à Saint-Antoine-de-*Galamus*, un ermitage aménagé dans une grotte aux parois irisées.

PERPIGNAN

Capitale du royaume éphémère de Majorque (XIIIe-XIVe siècle), seconde ville de Catalogne après Barcelone, métropole du Roussillon, devenue française en 1659, *Perpignan* a la vie et la beauté d'une capitale. Quatre édifices témoignent de sa grandeur.

La cathédrale Saint-Jean forme en réalité un « complexe » sacré de plusieurs sanctuaires : la chapelle Notre-Dame-dels-Correchs (du Ravin) est le plus vieux monument religieux de Perpignan. Ses portes sont admirables. Sa Vierge du XIe siècle et ses nombreuses reliques (main de saint Jean-Baptiste...) sont vénérées de tous les Perpignanais. L'église romane Saint-Jean-le-Vieux possède de très anciens fonts baptismaux, d'époque wisigothique. Sur leur margelle de marbre on peut lire : *Unda sacris fontis necat anguis sibila sontis* (« L'eau de cette fontaine sacrée étouffe les sifflements du serpent infâme »). Saint-Jean-le-Vieux abritait aussi

Perpignan, la ville vue du haut du Castillet.

le « Dévot Christ », une statue en bois du Crucifié (probablement de 1307). Une légende prétend que la tête s'incline inexorablement. Lorsque le menton aura rejoint la poitrine, la fin du monde aura sonné. Ce Christ est actuellement dans une chapelle attenant à la cathédrale. La cathédrale proprement dite est des XIVe-XVe siècles. Sa nef unique est d'une étonnante largeur (13 mètres pour 80 mètres de long).

Le palais des Rois de Majorque est l'un des joyaux de l'architecture civile catalane. Il a été élevé en 1276 par le roi Jacques II. Au fond de la cour d'honneur, l'église superpose deux chapelles : Sainte-Madeleine au rez-de-chaussée, Sainte-Croix au premier. Cette dernière, vrai bijou d'architecture, était réservée aux souverains. Le roi vivait au premier étage de l'aile sud. La reine résidait dans l'aile nord. La salle de Majorque était le cadre des réceptions offi-

cielles. Au rez-de-chaussée se trouvaient les réserves de vivres, les salles des gardes et des logements. Autour du palais, Charles Quint a fait édifier une colossale enceinte consolidée par Vauban. Hautes murailles, bastions et échauguettes, portes fortifiées forment un ensemble militaire assez austère. On remarquera le puits de Sainte-Florine, profond de 40 mètres, qui assurait le ravitaillement en eau.

Le Castillet a été construit en 1368 par Sanche, deuxième roi de Majorque. Porte de Perpignan, prison redoutée, il dresse

Palais des rois de Majorque.

Le Castillet.

comme un décor de théâtre ses hauts murs de brique rose couronnés de créneaux et de mâchicoulis. Le Castillet abrite aujourd'hui la Casa Pairial, autrement dit le Musée catalan d'arts et traditions populaires.

. La Loge de Mer est le cœur animé de la ville. Érigé en 1397, agrandi au XVIe siècle, ce joyau d'architecture hispano-mauresque servait de Bourse aux marchands et de consulat de Mer. Sur la place de la Loge se trouvent aussi l'ancien palais de la Députation (1488) et l'hôtel de ville (XIIIe-XVe siècle) dont la cour-patio s'embellit de « La Pensée » d'Aristide Maillol.

Ces quatre monuments symboles, admirables, ne doivent pas rejeter dans l'oubli

« La Pensée », Maillol.

Le Languedoc-Roussillon

Perpignan cossu.

Place Arago.

Fête médiévale.

l'église de la Réal (XIVe siècle), au pied de la citadelle ; l'église Saint-Jacques (XIIIe-XIVe siècle) au clocher de briques roses dominant un mystérieux jardin et la plaine en contrebas ; l'immense église des Carmes édifiée en 1345 ; le couvent des Dominicains, enfin restauré.

Perpignan est une capitale. Au gré des flâneries, l'on y découvrira de vieilles maisons (Julia la médiévale, avec son patio à arcades ; Xanxo, rue de la Maison-de-Fer, et la maison de l'Inquisition, rue du Théâtre, d'époque Renaissance) ; des rues insolites, au charme méditerranéen ; et des places ombragées où il fait bon danser la sardane en l'honneur du soleil.

La plage n'est pas loin : en 10 kilomètres vous êtes au *Canet* riche de sa plage et de deux musées : celui du Jouet rassemble 3400 jeux et jouets anciens, celui du Bateau expose une collection de 100 maquettes marines.

Dans l'arrière-pays de Perpignan, au flanc des collines du Fenouillèdes, vivait il y a 450 000 ans le fameux homme de Tautavel, dont le crâne a été découvert dans la grotte de la Caune de l'Arago. Le remarquable musée de *Tautavel* vous familiarisera avec cet Homo erectus et son environnement.

*Planès, église en forme
de polygone étoilé.*

PLANÈS

Amateurs de mystères ésotériques, considérez la petite église de *Planès*. Elle n'a pas son pareil en Europe. Élevée au XIIᵉ siècle ou au XIIIᵉ siècle, à 1 600 mètres d'altitude, elle se présente comme un triangle équilatéral flanqué sur chaque côté d'une absidiole en demi-cercle, et dominé d'une coupole circulaire. Des aménagements tardifs ont voulu masquer ce plan triangulaire trop « original ». Aurions-nous affaire à un sanctuaire d'origine musulmane représentant un sceau de Salomon ? Ou symbolise-t-il une étoile dont les rayons désigneraient divers lieux privilégiés de la région, dessinant une énigmatique géographie sacrée ?

Au pied du hameau, les remparts de *Mont-Louis* ont été édifiés sur les plans de Vauban afin de surveiller les hautes vallées de la Têt et de l'Aude.

La route des Pyrénées longe ensuite le cours de la Têt en direction de Conflent. Peu avant les gorges de la Carança, le pont du chemin de fer de Cerdagne est une prouesse technique de l'ingénieur *Séjourné*. L'ogive a 30 mètres de hauteur. Elle est surmontée d'une pile de 35 mètres !

LE ROUSSILLON ROMAN

Saint-Martin-de-Fenollar est une chapelle modeste en apparence. Mais elle renferme le plus exceptionnel ensemble de fresques du Roussillon. Sur la voûte, le Christ en majesté est entouré des quatre évangélistes. Sont aussi représentés les vingt-quatre vieillards de l'Apocalypse, l'Annonciation, la Nativité (la Vierge est couchée sur un lit à baldaquin !), les Mages…

La station thermale voisine du *Boulou* est spécialisée dans les affections hépatiques. Elle possède une belle église au portail finement sculpté. On se dirigera ensuite vers *Saint-Genis-des-Fontaines*, dont l'abbaye bénédictine fut fondée à la fin du IXᵉ siècle. Vendue comme bien national en 1796, l'abbaye fut cédée en 1922 à un antiquaire parisien qui dépeça le cloître

Saint-Martin-de-Fenollar, fresque de la chapelle, « Le mystère de l'Incarnation ».

pour en vendre les colonnes et les chapiteaux au château des Ménuls, dans les Yvelines, et à Philadelphie aux États-Unis. Depuis 1993 heureusement, des travaux de restauration ont été réalisés et de nombreuses pierres ont été réinstallées. L'église romane de ce village présente au linteau de son portail une sculpture datée de 1020. On y voit la première représentation de la figure humaine dans la statuaire romane. Le cloître attenant a été dépecé. Certains éléments ont abouti aux États-Unis, d'autres au musée du Louvre.

Plus récente, l'église *Saint-André-de-Sorède* surprend par la richesse de sa décoration. Le tympan et le linteau y sont sculptés avec plus de vivacité encore qu'à Saint-Genis.

Cette brève excursion au cœur du Roussillon roman conduit à *Argelès* dont la belle plage convie à la baignade.

SAINT-MARTIN-DU-CANIGOU, LA PYRAMIDE AIMANTÉE

Perchée sur un nid d'aigle à 1 094 mètres d'altitude, l'abbaye bénédictine *de Saint-Martin-du-Canigou* a été édifiée à partir de 1001 par le comte Guifred de Cerdagne. Il s'y est retiré en 1035 et a passé les dernières années de sa vie à creuser sa tombe dans le roc. À moitié ruinés, les bâtiments ont été restaurés de 1902 à 1932 par l'évêque de Perpignan, Mgr Carsalade du Pont, et de 1952 à 1972 par le père de Chabannes.

Avec ses moellons du pays noyés dans le mortier, ses rares et étroites fenêtres, l'église paraîtra simple, presque rustique. Mais sous aspect trapu, Saint-Martin cache une révolution architecturale, étape décisive dans la naissance de l'art roman. Elle est en effet la première église française de plan latin présentant une voûte en pierre sur berceau en plein cintre. On s'explique mieux ainsi les murs épais et les faibles dimensions de la nef (6,10 mètres de haut, 3,40 mètres de large). Quand le Canigou est écrasé de soleil, l'ombre de la nef et sa fraîcheur aussi conviennent à la méditation.

Le cloître attenant, dont il ne subsiste que trois galeries, est un

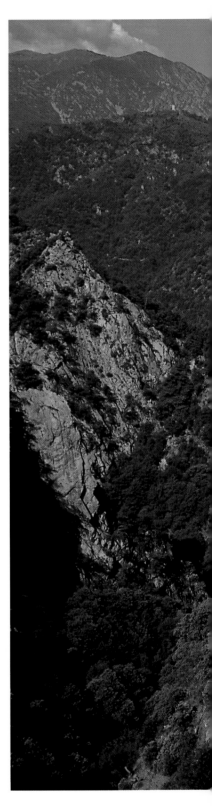

Saint-Martin-du-Canigou, abbaye bénédictine.

Le Languedoc-Roussillon

Saint-Michel-de-Cuxa, abbaye au cœur du Conflent.

nid au creux des roches. Placé en vigie, le gros clocher carré aurait-il pour fonction de compter les formidables ondes telluriques du *Canigou* ? Car sous ce mont pyramidal, culminant à 2 784 mètres, fer et manganèse se lovent dans le granite. Leur présence explique la série de catastrophes aériennes en ce secteur. Déréglant les instruments de bord, le Canigou attirait comme un aimant les avions qui s'y écrasaient. L'espace est donc bien ténu entre les mystères qui défient notre technologie et les monstres figurés sur les chapiteaux de Saint-Martin !

Chapiteaux et colonnes de marbre rose, Saint-Michel-de-Cuxa. Cloître reconstitué.

SAINT-MICHEL-DE-CUXA

La pyramide bleutée du Canigou se profile en toile de fond. Tout alentour, le *Conflent* est un verger fertile et lumineux. Au creux du vallon de la Leitera surgit un clocher carré doré de soleil. Voici *Saint-Michel-de-Cuxa*.

L'abbaye a été fondée en 883. Elle a connu son heure de gloire aux Xe-XIIe siècles, sous la direction de Guérin et d'Oliba. Puis elle est tombée dans l'oubli. En

die aux États-Unis. En 1926, le Metropolitan Museum of Art de New York les rassemble et reconstitue le cloître sur une échelle réduite à Fort Tryon Park. Telle est l'origine des fameux « Cloisters » dominant l'Hudson. L'intérêt des Américains pour Saint-Michel-de-Cuxa alarme les responsables français qui ordonnent la restauration de l'église et la remise en place d'une partie

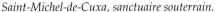

Saint-Michel-de-Cuxa, sanctuaire souterrain.

1793, les bâtiments sont vendus par lots et méthodiquement dépecés par leurs propriétaires. Des colonnes échouent dans les maisons des environs, des chapiteaux dans les bains publics de Prades, et des arcades à Aniane, près de Montpellier. Le cloître disparaît. En 1913, le sculpteur américain George-Guy Bernard en retrouve de nombreux éléments qu'il expé-

des galeries du cloître. Depuis 1965, une poignée de moines redonne vie à l'abbaye.

Des deux clochers carrés qui subsistaient encore au début du XIXe siècle, un seul dresse encore ses quatre étages couronnés de créneaux. On y retrouve les influences wisigothiques et mozarabes (chrétiens sujets des Maures d'Espagne). Dans la nef, les arcs à courbe prolongée en fer à cheval ressemblent à ceux de la mosquée de Cordoue. La crypte, dite chapelle de la Crèche, a été construite peu après l'an mil par l'abbé Oliba. Sa voûte circulaire est soutenue par un pilier central en palmier. Depuis un millénaire, en ce sanctuaire, la Vierge de la Crèche accueille les pèlerins.

Le cloître a été partiellement reconstitué à partir de vestiges retrouvés çà et là. On y peut admirer quelques chapiteaux ornés de motifs végétaux, d'animaux fantastiques et de faces inquiétantes. Réalisme charnel et fantasmagories ainsi mêlés témoignent de la puissance du mysticisme médiéval.

De la cité voisine de *Prades*, fief du violoncelliste Pablo Casals (1876-1973), vous pourrez vous rendre en excursion au merveilleux village d'*Eus* dont les demeures de vieilles pierres s'étagent sur le flanc ensoleillé d'un piton rocheux, face au pic du Canigou.

DE SCHISTE NOIR ET MARBRE ROSE, LE PRIEURÉ DE SERRABONE

Sur la pente orientale du Canigou, le prieuré de *Serrabone* est un joyau roman. Perdue dans le silence des Aspres, longtemps abandonnée, l'austère église de schiste au clocher carré recèle des trésors. Dans la nef, en berceau brisé, colonnes et chapiteaux de marbre, à profusion, s'animent de figurations fantastiques, monstres, fleurs, têtes. La tribune, ancien chœur des moines (XIIe siècle), est taillée dans le marbre rose des carrières de Villefranche. La figure du lion y domine : lions affrontés, lions en procession, lions en chasse, lions de Daniel. Les lions de Serrabone, œuvre peut-être d'un sculpteur d'origine juive, seraient-ils un hommage au Christ, lion de Juda ?

Le bras droit du transept donne accès à la galerie du Midi, ancien promenoir des moines, ouvert sur la montagne. Des artistes, là aussi fascinés par l'Orient et l'art mozarabe, ont ciselé la pierre.

Serrabone, le prieuré roman. En vignette : Détail d'un chapiteau à l'entrée du prieuré.

LE VALLESPIR

Baigné par le Tech aux fréquentes sautes d'humeur, le *Vallespir* est l'un des foyers de la tradition et de la culture catalanes.

Au cœur d'un verger de cerisiers, d'abricotiers et de pêchers, *Céret* est un havre lumineux où bruissent les fontaines. Ses cours ombragés de platanes, le pont du Diable (XIVe siècle) si audacieux que le diable seul pouvait l'avoir construit, la porte fortifiée du XIVe siècle et l'église romane Saint-Pierre ont séduit les artistes. Picasso, Braque, Dufy, Soutine, Chagall et encore Maillol, Tristan Tzara, Déodat de Séverac y ont flâné, y ont créé. « La Mecque du cubisme » a conservé un certain nombre de leurs œuvres, exposées au musée d'Art moderne.

En amont, la vallée du Tech se resserre. Perchée au-dessus de la rivière, *Palalda* étage en pyramide ses vieilles maisons aux murs roses. Le village est jumelé avec la belle station thermale d'*Amélie-les-Bains*, spécialisée dans les rhumatismes et les maladies des voies respiratoires. Les alentours, chevelus de forêts, piquetés d'églises romanes et de vieux villages, striés de ravins (gorges du Mondony, gorges du Terme...), invitent aux promenades.

Quelques kilomètres encore et c'est *Arles-sur-Tech*, métropole religieuse du Vallespir. Son

Palalda.

abbaye bénédictine a été fondée en 778. C'est la plus ancienne du Roussillon. On y vénérait les saints Abdon et Sennen, dont les reliques auraient été déposées à Arles par saint Arnulphe. À gauche de l'entrée du sanctuaire, un sarcophage laisse inexplicablement suinter une onde aux vertus miraculeuses. Dans cette « Sainte Tombe », Arnulphe aurait vidé l'eau du tombeau dans lequel il avait transporté les reliques. Dans l'église, édifiée aux IXe-XIe siècles, on admire le retable baroque (1647) des

Céret.

saints Abdon et Sennen. Le cloître attenant, tout en marbre blanc, est du XIIIe siècle.

Au-delà d'Arles s'affirme la montagne. Les gorges de *la Fou* s'étranglent en défilés larges de moins de 3 mètres, que l'on franchit sur des passerelles. Vers la frontière espagnole, *Coustouges* est un village montagnard serré contre son église fortifiée du XIIe siècle, aux deux portails successifs foisonnant de sculptures.

Elle est belle aussi l'église romane de *Serralongue* avec son clocher crénelé et les pentures de son portail. Passé le défilé de la Baillanouse, voici enfin *Prats-de-Mollo*, pittoresque cité dont

Prats-de-Mollo.

les fortifications du XIVe siècle ont été relevées par Vauban. Chemins de ronde, échau-

guettes, ruelles en escaliers, portes et bretèches confèrent à cette place forte un cachet d'autrefois. Un impressionnant passage couvert mène au fort Lagarde, au-dessus du village. L'église des saintes Juste et Rufine (XVIIe siècle) conserve le clocher roman crénelé de l'édifice primitif. À l'entrée, un os de cétacé est accroché en ex-voto. Une chapelle abrite la copie de Notre-Dame-du-Coral que l'on peut aller vénérer en son humble sanctuaire montagnard, haut lieu de la spiritualité catalane. Cette chapelle se trouve au-delà du col de la Guille, sur le chemin de Lamanère.

Prats-de-Mollo, ville et église.

PROMENADES EN CONFLENT

Serrée entre le Canigou et la Têt, *Villefranche-de-Conflent* a été fondée à la fin du XIᵉ siècle par le comte de Cerdagne Guillaume-Raymond. Les enceintes fortifiées du XIᵉ siècle et du XVᵉ siècle ont été intégrées par Vauban dans un colossal système défensif. Les bastions de la Reine, du Roi, du Dauphin… protègent les portes. Perché sur la colline de Belloch, le fort est relié à la ville par un escalier souterrain de mille marches. Au long de ruelles tortueuses s'alignent des maisons romanes. Appuyée contre le rempart sud,

l'église Saint-Jacques a été édifiée au début du XIIᵉ siècle. Elle s'ouvre au nord par deux portails sculptés. À l'intérieur, la statue de Notre-Dame-du-Bon-Succès (XIVᵉ siècle) est toujours invoquée contre les épidémies.

La route de Corneilla mène à la grotte des *Grandes Canalettes*, surnommée le « Versailles » souterrain des Pyrénées pour ses cristallisations ivoirines. *Corneilla* est célèbre par son église romane. La façade crénelée est percée d'un admirable portail de marbre (XIIᵉ siècle) dont le tympan est sculpté d'une Vierge

*Maisons romanes
à Villefranche-de-Conflent.*

*Villefranche-de-Conflent,
les remparts. Porte de France.*

Corneilla-de-Conflent, village et massif du Canigou.

en gloire. Une inscription en latin précise : « Vous qui êtes en vie, venez honorer celle par qui la vie est donnée, par qui le monde est régénéré. » L'abside aux formes simples et pures exprime une spiritualité confiante. Dans le chœur veillent trois Vierges assises, d'époque romane. Le maître-autel en marbre est plus tardif.

Baignée par le torrent grondeur du Cady, *Vernet-les-Bains* est une station thermale renommée pour le traitement des rhumatismes et des affections ORL.

Entre Villefranche-de-Conflent et Latour-de-Carol, le fameux train jaune a été mis en service dans les années 1900. De viaducs en ponts suspendus, il grimpe allègrement, en 63 kilomètres, de 427 mètres à 1327 mètres.

Amélie-les-Bains, la station thermale.

L'Albigeois et le Haut-Languedoc

ALBI

Disons-le simplement, *Albi* est une merveille. Vu du Pont-Vieux sur le Tarn, ou de celui du 22-Août, le long vaisseau rouge de la cathédrale Sainte-Cécile veille en sphinx tranquille. Ce chef-d'œuvre de brique a été commencé par Bernard de Castanet en 1282, au lendemain de la croisade contre les Albigeois. Le clocher carré en donjon, surélevé au XVᵉ siècle, et les contreforts en tours marquaient la puissance recouvrée de l'Église en cette ville où le catharisme avait pris son essor.

Nous entrons dans la cathédrale par un extravagant « baldaquin » de pierres blanches, accolé au flanc sud par l'évêque Louis d'Amboise au début du XVIᵉ siècle. La nef unique, sévère et pure, voûtée d'ogives, est éclairée par d'étroites et hautes verrières en meurtrières. Le chœur et le jubé flamboyants ont été rajoutés par Louis d'Amboise. Une dentelle de pierre y contourne ses motifs enlacés, et des statues veillent sur les stalles de bois sculpté. Louis d'Amboise fit aussi peindre l'immense fresque du Jugement dernier sur le mur occidental. Des artistes bolonais parèrent enfin la grande voûte de nombreux portraits de saints.

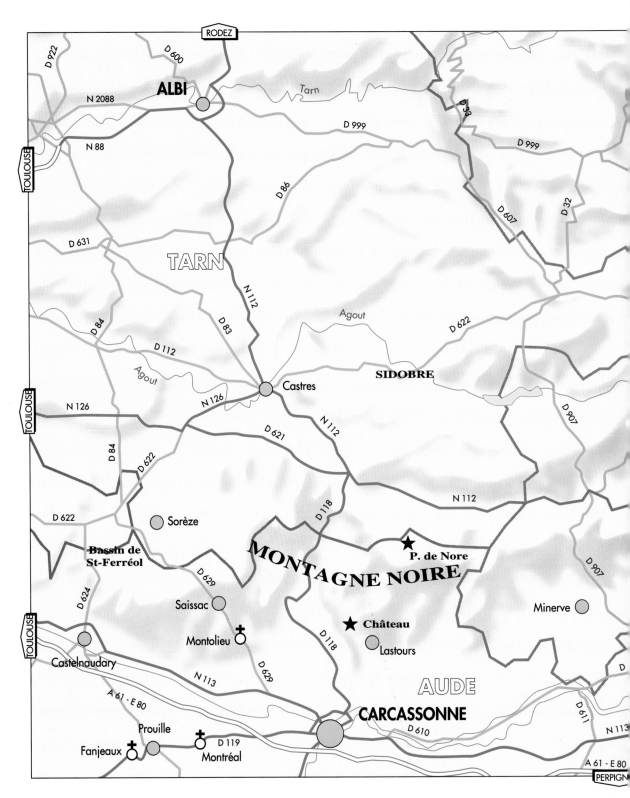

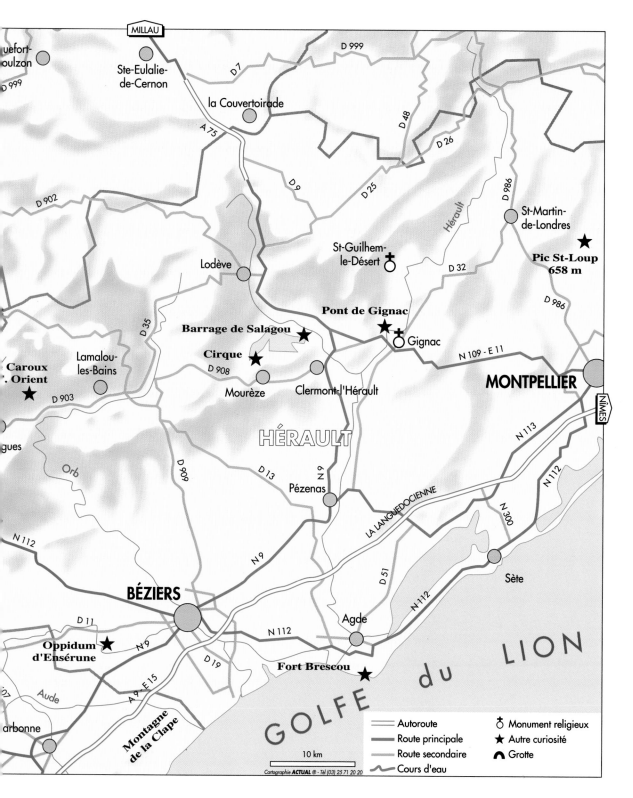

MILLAU

D 999

uefort-
oulzon

Ste-Eulalie-
de-Cernon

D 999

D 7

la Couvertoirade

D 48

A 75

D 26

D 9

D 902

D 25

Hérault

D 986

St-Martin-
de-Londres

Lodève

St-Guilhem-
le-Désert

★ **Pic St-Loup
658 m**

D 32

D 986

Pont de Gignac ★

D 35

Barrage de Salagou ★

Gignac

Cirque ★

N 109 - E 11

MONTPELLIER

Caroux
. Orient

Lamalou-
les-Bains

D 908

Mourèze

Clermont-l'Hérault

NÎMES

★ D 903

gues

HÉRAULT

N 113

Orb

D 909

D 13

N 9

N 112

Pézenas

LA LANGUEDOCIENNE

N 300

N 112

BÉZIERS

D 51

Sète

N 112

D 11

**Oppidum
d'Ensérune** ★

N 9

Agde

N 112

D 19

Fort Brescou ★

GOLFE DU LION

Aude

A 9 - E 15

07

Montagne
de la Clape

arbonne

Autoroute	☿	Monument religieux
Route principale	★	Autre curiosité
Route secondaire	∩	Grotte
Cours d'eau		

10 km

Cartographie **ACTUAL** ® - Tél (03) 25 71 20 20

Le Languedoc-Roussillon

Albi, cathédrale Sainte-Cécile, pont Vieux et palais de la Berbie.

POT-AU-FEU À L'ALBIGEOISE

Pour 8 personnes
Préparation : 30 min
Cuisson : 2 h 30.

Ingrédients : 400 g de bœuf dans le gîte à la noix, 800 g de jarret de veau, 1 talon de jambon cru avec l'os de 500 g, 1 saucisse de campagne sèche, 1 quartier de confit d'oie, 2 os à moelle, 1 abattis de volaille, 2 carottes, 2 navets, 2 blancs de poireau, 1/2 pied de céleri, 2 oignons, 2 clous de girofle, 1 beau cœur de chou, sel, poivre du moulin.

▶ Épluchez tous les légumes. Piquez les oignons des clous de girofle, coupez le pied de céleri, les carottes et les navets en morceaux, les blancs de poireau en tronçons, ficelez le chou.

▶ Mettez dans un grand faitout le gîte à la noix, le jarret de veau et le jambon. Versez 2,5 litres d'eau et portez à ébullition. Salez en tenant compte du sel contenu dans le jambon et poivrez.

▶ Ajoutez tous les légumes, couvrez le faitout et faites cuire tout doucement 1 h 30 après le début de l'ébullition.

▶ Ajoutez l'abattis de volaille, la saucisse sèche et les os à moelle poudrés de sel aux deux extrémités. Poursuivez la cuisson 1 h.

▶ Dégraissez soigneusement le morceau de confit d'oie et faites-le réchauffer dans le bouillon 5 min avant la fin de la cuisson.

▶ Servez toutes les viandes sur un grand plat entourées des légumes et le bouillon sur des tranches de pain de campagne rassis.

Ancienne résidence épiscopa-le, le palais de la Berbie a été édifié par l'évêque Bernard de Combret vers 1265. Des années 1280 à la fin des guerres de Religion, le palais joua le rôle de citadelle. Il accueille aujourd'hui le célèbre musée Toulouse-Lautrec : affiches, portraits de Valentin le Désossé, d'Aristide Bruant, de Jane Avril, d'Yvette Guilbert, dessins de la série « Au cirque », et le tableau intitulé « Au salon de la rue des Moulins » prouvent le talent de cet artiste marginal, enfant du pays.

Dans Albi-la-Rouge, on verra enfin la maison natale de Toulouse-Lautrec, la maison Enjalbert (XVIe siècle) à pans de bois, l'hôtel Reynès aux galeries superposées (XVIIe siècle), et l'église Saint-Salvy, ancienne collégiale en partie romane qui a conservé un beau cloître du XIIIe siècle.

Un peu au nord de la cité, vous serez surpris de découvrir la mine de *Cagnac* dont la galerie du puits n° 2 a été restaurée et ouverte à la visite par six de ses anciens mineurs. Les amoureux de l'histoire industrielle se rendront aussi à *Saint-Juéry*, remarquable déjà par la cascade du Saut-de-Sabo, où fut établi au début du XIXe siècle un ensemble métallurgique avec hauts fourneaux et martinets. Il y eut sur le site jusqu'à 2000 employés.

Fête médiévale.

LES SITES CATHARES DE L'AUDE

Au nord du pic de Bugarach, dans les Corbières, non loin de Couiza, *Rennes-le-Château* est une ancienne capitale wisigothique. Il y règne un parfum de mystère depuis qu'à la fin du siècle dernier son curé découvrit, dit-on, un trésor des Templiers. La rumeur court toujours…

La D 613 mène ensuite au château d'*Arques*, fondé en 1280

Durfort, ruines du château.

Arques, donjon, XIIIe siècle.

et agrandi en 1316. Il est dominé par un énorme donjon rectangulaire flanqué de quatre tourelles d'angle.

Au pont d'Orbieu, la D 212 remonte les gorges de l'Orbieu jusqu'au château d'*Auriac*. Édifié au début du XIe siècle, il a appartenu aux sires de Termes dont le fief était à Termes, à quelques kilomètres plus au nord. Perchée au-dessus du Sou, la forteresse cathare de *Termes* soutint un siège de quatre mois contre Simon de Montfort. Mais elle fut vaincue par la soif en novembre 1210. Au XVIIe siècle, un maçon de Limoux fit sauter les murailles à l'explosif !

L'entrée des gorges du Sou était contrôlée par le château de *Durfort*. Les ruines en sont si mélancoliques que les habitants des environs qualifient Durfort de « château de la Belle au bois dormant ».

Vers l'est, la forteresse XIIIe siècle de *Villerouge-Termenès* domine un gros bourg médiéval. En 1333, dans la cour du château, Bélibaste, le dernier évêque cathare, fut brûlé vif.

Auriac, ruines du château.

Villerouge-Termenès.

Les formidables remparts de Carcassonne.

CARCASSONNE

À l'ombre des remparts de *Carcassonne*, Viollet-le-Duc a dit : « Je ne sache pas qu'il existe nulle part en Europe un ensemble aussi complet et aussi formidable de défense des Vᵉ, XIIᵉ et XIIIᵉ siècles. » Il s'en est pourtant fallu de peu que rien ne subsiste plus de la cité féodale. En

Stèle discoïdale dite cathare au musée lapidaire.

1850, le décret officiel de démolition était promulgué. Prosper Mérimée, inspecteur des Monuments historiques, l'architecte Viollet-le-Duc et l'archéologue Cros-Mayrevieille obtinrent l'annulation du décret et la restauration des ouvrages militaires. Carcassonne était sauvée. C'est aujourd'hui l'un des sites les plus visités de France.

Au seuil le plus resserré entre les Pyrénées et le Massif central, contrôlant le passage de l'Atlantique à la Méditerranée et de l'Espagne vers la France, l'oppidum de Carcassonne, à 50

mètres au-dessus du niveau de l'Aude, est une clef stratégique. Des hommes l'occupaient au XIᵉ siècle avant notre ère. Puis vinrent les Gaulois et enfin les Romains qui érigèrent le château et une enceinte. On reconnaît ce rempart sur la partie nord-ouest de l'enceinte intérieure, de la tour du Four-Saint-Nazaire à la tour du Moulin-du-Connétable, puis sur la partie est, de la tour de Davejean à la tour Saint-Sernin et de la tour du Plô à la tour des Prisons.

Au Vᵉ siècle, les Wisigoths renforcent les murailles. Deve-

Enceinte de la cité.

nue sarrasine en 725, la cité ré-
siste aux Francs qui l'assiègent
dans les années 750. Cet épisode
est le sujet d'une légende très
populaire à Carcassonne. À la
disparition du chef maure, sa
veuve, dame Carcas, fait poster
aux créneaux des mannequins
de paille revêtus des armures
des morts. Les Francs renoncent
à l'assaut. Ils décident d'affamer
les habitants. Il ne reste bientôt
plus qu'un baril de vivres pour
nourrir les assiégés. Dame
Carcas en gave une truie qu'elle
fait jeter par-dessus la muraille.
Les Francs négocient.

Les seigneurs de Trencavel,
vicomtes de Carcassonne, em-
bellissent la cité. Vers 1130, ils

CHAPON À LA CARCASSONNAISE
Pour 8 personnes
Préparation : 30 min **Cuisson** : 1 h 05.

Ingrédients : 1 chapon de 2,5 kg avec le cou, 4 foies de volaille, 100 g d'olives vertes dénoyautées, 500 g de chair à saucisse, 1 tranche de pain de campagne rassis, 1 gros oignon, 2 gousses d'ail, 30 g de graisse d'oie, sel, poivre du moulin.

▶ Pelez et émincez l'oignon. Épluchez les gousses d'ail. Coupez le pain en petits dés.

▶ Dans une poêle, faites chauffer la graisse d'oie à feu moyen. Ajoutez les foies de volaille et les oignons et faites-les revenir 5 min en les remuant.

▶ Versez le contenu de la poêle dans une jatte et écrasez-le grossièrement à la fourchette. Ajoutez la chair à saucisse et les olives. Mélangez tous ces ingrédients. Poivrez et rectifiez l'assaisonnement en sel, seulement si c'est nécessaire.

▶ Frottez les dés de pain avec les gousses d'ail. Introduisez les dés à distance régulière sous la peau du cou du chapon, remplissez-le de farce et cousez soigneusement les ouvertures. Salez et poivrez l'extérieur du chapon.

▶ Posez le chapon sur la grille d'un plat à four. Faites cuire à four chaud (210° - Th. 7) 1 h environ.

édifient le château comtal, chef-d'œuvre de l'architecture militaire médiévale, forteresse dans la forteresse. Tours et courtines étaient surmontées de hourds. Viollet-le-Duc a reconstitué ces galeries de bois qui permettaient aux archers de contrôler portes et fossés. Le château comtal abrite aujourd'hui le Musée lapidaire.

À l'issue de la croisade albigeoise, les rois de France annexent Carcassonne (1224-1226). Louis IX puis Philippe le

Les Médiévales.

Hardi consolident le rempart intérieur et érigent une enceinte extérieure longue de 1672 mètres, hérissée de dix-neuf tours. Plus basse que l'enceinte intérieure, cette muraille restait sous le feu des défenseurs. L'ennemi qui l'aurait investie se serait trouvé bloqué dans les lices, long couloir séparant les deux murs. Un passage fortifié menait au bord de l'Aude à une barbacane, aujourd'hui remplacée par l'église Saint-Gimer. Les quatre entrées principales de la cité, la porte Narbonnaise à l'est, la porte d'Aude à l'ouest, la porte Saint-Nazaire au sud, la porte de Rodez au nord, sont des modèles de portes fortifiées.

Blottie dans ses remparts, la cité dans son entier conserve un caractère médiéval. La cathédrale des saints Nazaire et Celse accole une nef romane du XIᵉ siècle à un chœur et un transept gothiques (1269-1322). Vitraux et statues sont remarquables.

Au pied de la cité, la Ville-Basse est un bel exemple de bastide en damier. Elle a été édifiée au temps de Saint Louis. Elle aussi a ses trésors : la cathédrale Saint-Michel, représentative du gothique languedocien ; l'église Saint-Vincent à la haute tour du XIIIᵉ siècle ; le Pont-Vieux (XIIᵉ siècle) qui séparait les deux quartiers ennemis, celui de la Ville-Basse et celui de la Cité ; la place Carnot et de beaux hôtels particuliers.

*Castres, demeures anciennes
sur les rives de l'Agout*

Ancien palais épiscopal.

CASTELNAUDARY

La capitale du cassoulet est célèbre pour la bataille qui se livra le 1er septembre 1632 dans la plaine du Fresquel entre Henri de Montmorency, gouverneur du Languedoc, et les troupes royales de Richelieu. Montmorency fut défait, arrêté puis exécuté à Toulouse. L'église Saint-Michel arbore un fier clocher-porche haut de 56 mètres. Sur la butte du Pech, voyez le moulin de Cugarel d'où l'on domine la lumineuse plaine du Lauragais.

La D 103 vous mènera à l'abbaye *Saint-Papoul* qui fut fondée au XIe siècle.

CASTRES

Cité lainière, berceau de Jean Jaurès, *Castres* propose au visiteur sa cathédrale baroque Saint-Benoît (1677-1718), l'église rococo Notre-Dame-de-la-Platé, et surtout le musée Goya installé dans l'ancien palais épiscopal édifié en 1669 sur les plans de Mansard. On peut y voir des œuvres majeures du grand peintre espagnol : « La Junte des Philippines présidée par Ferdinand VII » (1814), les gravures des « Caprices » et des « Désastres de la guerre ». Les jardins du palais sont de Le Nôtre.

Plaine du Lauragais.

cathares converties. Détruit sous la Révolution, ce monastère a été remplacé par des bâtiments de style romano-byzantin.

Non loin de Fanjeaux, sur la N 119 aujourd'hui dénommée route de Saint-Dominique, *Montréal*, le « mont Royal », s'enorgueillit de sa colossale collégiale Saint-Vincent, édifiée en 1317. À l'intérieur, les grandes orgues sont de Cavalier-Coll (XVIIIe siècle). La légende prétend qu'au passage de Dominique, dans les champs des environs, les blés coupés par les cathares exsudèrent du sang.

Les controverses ont perdu de leur âpreté, mais les rancœurs sont opiniâtres. C'est à Fanjeaux que les « Amis des cathares » ont créé les fameux « Cahiers de Fanjeaux » qui ont publié de nombreux articles savants, ceux notamment de René Nelli et Déodat Roché.

SUR LES PAS DES FRÈRES PRÊCHEURS : FANJEAUX, PROUILLE ET MONTRÉAL

Fanjeaux, Prouille et Montréal sont trois lieux saints des dominicains. Parti de son Espagne natale en 1203, Dominique s'établit à *Fanjeaux* pour combattre l'hérésie cathare. La maison où le saint résida de 1206 à 1216 est à 50 mètres de l'église. Elle a été fortement restaurée. Lors d'un débat public à l'intérieur de l'église, les cathares jetèrent au feu le manuscrit que lisait Dominique. « Comme elle eut un peu demeuré sans nulle brûlure, la cédule jaillit d'elle-même hors du feu, ce dont chacun fut ébahi »

(Pierre des Vaux de Cernay, « Histoire albigeoise », XIIIe siècle). Le cahier miraculeux fut projeté jusque sur une poutre qui s'en trouva noircie. On la conserve pieusement suspendue par des chaînes à la voûte du sanctuaire.

Sur la hauteur du « Segnadou », une stèle commémore un autre miracle : Dominique regardait la plaine lorsqu'il vit une boule de feu tomber à environ 3 kilomètres de la ville. La comète marquait l'emplacement de *Prouille*, où Dominique devait fonder un couvent pour les femmes

Fanjeaux, maison Saint-Dominique transformée en oratoire en 1948.

LAMALOU-LES-BAINS

Les eaux sédatives de *Lamalou* attirent les curistes depuis le Moyen Âge. Le roi d'Espagne, le sultan du Maroc, Alexandre Dumas fils apprécièrent l'endroit. Alphonse Daudet et André Gide s'y sont fait soigner. Aujourd'hui, les curistes peuvent assister aux spectacles d'opérettes du festival lyrique dans le magnifique théâtre à l'italienne. À moins de deux kilomètres, sur la route de Poujols, une chapelle surgit d'un humble cimetière. C'est *Saint-Pierre-de-Rhèdes*, située sur l'un des chemins de Saint-Jacques. Les arcs géminés de l'abside, le curieux personnage sculpté au mur sud, les bas-reliefs de la nef, tout dénote l'art roman en sa maturité (XIIe siècle).

Dominant Lamalou, le *mont Caroux* (1091 mètres), sommet de l'Espinouse, offre de très belles vues sur la Montagne Noire et la plaine languedocienne. Sur son versant occidental, le ruisseau d'*Héric* égrène cascades sur cascades au fond d'une entaille aux mille rumeurs.

Vers l'ouest, *Saint-Pons-de-Thomières*, capitale du parc naturel du Haut-Languedoc, s'enorgueillit d'une abbatiale romane édifiée dans le dernier quart du XIIe siècle. Remaniée par la suite, restaurée de 1839 à 1841, l'église autrefois cathédrale est remarquable par ses tours crénelées, la « porte des Morts » aux énigmatiques sculptures, les tympans

de la façade occidentale, les parties supérieures de l'ancienne nef, devenue sacristie. Le musée de la Préhistoire présente notamment une collection de statues-menhirs dites aussi « les déesses muettes ».

La N 112 mène à la *grotte de la Devèze*, surnommée « palais de la Fileuse de verre ». Découverte en 1886, elle a été aménagée en 1932. Sur plus de 400 mètres, les galeries et les salles scintillent de leurs concrétions éburnéennes aux diaprures ocrées. Les sites et les curiosités ne manquent pas tout alentour : village médiéval de *La Salvetat-sur-Agout*, oppidum d'*Olonzac*, vieilles maisons d'*Olargues*, fonderie de cloches d'*Hérépian*.

Saint-Pons-de-Thomières, l'abbatiale.

Lamalou-les-Bains.

Lastours.

Ruines de Cabaret.

LES QUATRE FRÈRES
FORTIFIÉS DE LASTOURS

Dominant la voie Carcassonne-Mazamet, contrôlant le passage des convois de fer entre les mines du Canigou et les forges des Martyrs, perchés sur une crête hérissée de cyprès, au-dessus de la vallée aurifère de l'Orbiel, voici les quatre châteaux de *Lastours* : Quertinheux, le plus au sud, Fleur-Espine, le plus vieux (XIIᵉ siècle), la tour Régine et le monumental Cabaret dont le nom vient du latin « caput arletis », la tête du bélier. Le donjon pentagonal de Cabaret comprend une salle ogivale à l'étage et une salle basse éclairée par cinq archères orientées en fonction de la position du soleil levant au solstice d'hiver. Il s'agirait donc d'un château « solaire ».

Le Languedoc-Roussillon

On accède à Lastours par le chemin du « Belvédère » ou, mieux encore, par un sentier à 800 mètres du village, sur la route des Ilhes. Hélas, le temps et les gens du cru, amateurs de pierres solides, ont eu raison des murailles de Lastours.

À deux encablures vers l'est, la Montagne Noire s'ouvre vertigineusement sur le gouffre géant de *Cabrespine*.

AU PAYS DES DRUIDES ET DES CATHARES : MINERVE

Pont naturel à Minerve.

Remparts de Minerve.

À cheval sur la Montagne Noire et la plaine audoise, le Minervois est empreint de druidisme et de catharisme. La capitale de la province est une fabuleuse cité qui mêle ses pierres ocre à la roche nue des gorges de la Cesse et du Briant. À l'abri de ses remparts, la ville était imprenable. Un fort impressionnant, le « Castel », fermait le seul accès possible. *Minerve*, hélas, ne disposait que du puits Saint-Rustique pour son ravitaillement en eau. Simon de Montfort le détruisit en 1210 et la ville capitula. Cent quarante cathares préférèrent le bûcher à la soumission. Les restes du puits sont encore visibles sur l'escarpement donnant vers le Briant.

Au pied du village, la Cesse a creusé deux tunnels : le « Grand Pont », long de 250 mètres, et le « Petit Pont » qui mesure envi-

ron 110 mètres. En période de basses eaux, l'été, vous pourrez les suivre à pied pour y ramasser d'intéressants cailloux polis. En amont, la grotte de Fauzan était habitée aux temps préhistoriques. Découverte en 1927, la grotte de *la Coquille* a révélé des dessins d'animaux, des traces de pas d'hommes et d'ours.

On ne quittera pas le pays sans une visite à *Rieux-Minervois*. Ce village viticole s'enorgueillit d'une étonnante église romane du XIIe siècle. Le chœur heptagonal, entouré d'un déambulatoire en rotonde, est surmonté d'une coupole, à son tour sommée d'un clocher. L'ornementation est fortement influencée par l'art byzantin.

Minerve.

Cirque de Mourèze, chaos de roches dolomitiques.

LE CIRQUE DE MOURÈZE

À quelques kilomètres seulement de l'immense lac artificiel du *Salagou* (750 hectares ceints de collines rougeâtres et basaltiques où ont été retrouvées, près du village de Mérifons, des traces fossiles de plusieurs centaines de millions d'années), près de *Clermont-l'Hérault* dont le vieux quartier du Pioch et la superbe église gothique Saint-Paul s'abritent sous un château fort à sept tours, le *cirque de Mourèze* est un extraordinaire chaos de rocs dolomitiques aux formes fantastiques. Dans un amphithéâtre de 340 hectares, surgissant des boqueteaux, les rochers déchiquetés semblent les ruines d'une citadelle. Au gré de son propre imaginaire, l'on y verra des têtes de monstres, des chimères, des démons ou des fées.

Clermont-l'Hérault, fontaine.

L'érosion a sculpté des formes impressionnantes.

*Saint-Guilhem-le-Désert,
abbaye : galerie du cloître.*

POUR UN SOUVERAIN
DEVENU MOINE :
SAINT-GUILHEM-LE-DÉSERT

*S*aint-Guilhem autrefois s'appelait Gellone. Le monastère a pris le nom de Guillaume d'Aquitaine, comte de Toulouse, plus connu sous le sobriquet de Guillaume Fierabras, ou « au court nez ». Petit-fils de Charles Martel, confident de Charlemagne, Guillaume avait passé sa vie à guerroyer contre les Sarrasins. Puis il s'était retiré dans l'abbaye qu'il avait fondée à Gellone. De 806 à sa mort en 812, il y avait mené la vie d'un simple moine.

Pour apprécier la majestueuse harmonie de Saint-Guilhem-le-Désert, il faut gravir les sentiers de chèvres au flanc des rocailles qui surplombent le vil-

Le chevet de l'église.

lage. De là-haut, l'église, le cloître, les bâtiments monastiques semblent assis en équilibre sur le ravin du Verdus. L'église abbatiale, au magnifique chevet roman, abritait la relique de la Vraie Croix, donnée par Charlemagne à son ami Guillaume.

Le sanctuaire primitif a disparu ; l'église actuelle n'a été consacrée qu'en 1076. Le narthex et la nef sont de cette époque. L'abside et le transept ont été rajoutés à la fin du XIᵉ siècle. Le clocher-porche est des XIIᵉ-XVᵉ siècles. Dans l'église, on remarquera les sombres voûtes en berceau plein cintre, la disproportion entre l'étroitesse de la nef et l'ampleur de l'abside, la remarquable voûte romane en cul-de-four de cette abside. Les fouilles de 1962-1965 ont révélé une cryp-

Les toits de Saint-Guilhem.

Dans les ruelles caladées de Saint-Guilhem.

te que l'on peut visiter. Vestige de l'église préromane du Xe siècle, elle abritait le tombeau de saint Guillaume.

Au sud, un admirable cloître à deux étages bordait l'église. Il a servi de carrière de pierres à un maçon des environs. Les Américains en ont retrouvé des fragments qu'ils ont remontés aux Cloisters de New York. Il ne reste plus à Saint-Guilhem que les galeries nord et ouest, en partie reconstituées. Le réfectoire voûté d'arêtes, au côté ouest du cloître, a pu être sauvé. Certains vestiges du cloître supérieur, des fragments sculptés et des œuvres précieuses ont été rassemblés en un dépôt lapidaire. Un autel (XIIe siècle) en marbre blanc incrusté de verres colorés, le sarcophage de saint Guilhem, un sarcophage antique (VIe-VIIe siècle) qui aurait recueilli les dépouilles des sœurs de saint Guilhem sont les pièces les plus exceptionnelles du monastère.

On ne quittera pas Saint-Guilhem sans une halte au pont du Diable, jeté au début du Xe siècle en travers de l'Hérault, au lieu-dit « le Gouffre Noir ». Non loin du pont, la grotte de *Clamouse* (« la Hurleuse ») offre une impressionnante résurgence et des salles aux fabuleuses concrétions givrées.

À *Gignac* enfin, le pont à trois arches construit sur l'Hérault est l'un des plus beaux ponts français du XVIIIe siècle.

LE SIDOBRE, UN FANTASTIQUE CHAOS

Les failles du granite, affouillées par l'érosion, gravent un fantastique chaos sur le plateau de *Sidobre*. Façonnées en énormes boules à l'équilibre souvent précaire, les roches dessinent d'incroyables formes : Chapeau du Curé, Trois Fromages, Roc de l'Oie, Chapeau de Napoléon... rapprochements faciles, un peu irritants. Mais comment n'être pas impressionné par les gigantesques rochers qui paraissent devoir nous écra-

Peyro-Clabado : 780 tonnes en équilibre.

ser à tout moment ? Un simple levier de bois suffit à ébranler le roc de Sept-Faux, lourd de 900 tonnes. Et nul n'ose vraiment toucher le bloc de Peyro-Clabado, dont les 780 tonnes reposent sur une simple arête.

Les sentiers qui serpentent en ces bois et ces landes offrent de magnifiques spectacles : grottes, mares et lacs, rivières de rochers dénommées « compayrés », Saut de la Truite, où le Lignon s'élance de 20 mètres en cascade. Et souvent, un murmure signale la présence d'un ruisseau dissimulé sous les chaos.

Rivière de rochers.

Grottes et canyons des Causses et des Cévennes

L'AIGOUAL ET L'ABIME DU BRAMABIAU

Pâturage au mont Aigoual.

Le nom d'*Aigoual* vient du latin « Aiqualis », l'humide. Car le sommet des *Cévennes*, à 1567 mètres, est l'un des châteaux d'eau du Massif central. Les précipitations y sont abondantes et tout un réseau hydrologique en émane : l'Hérault, la Jonte et la Dourbie, tous deux affluents du Tarn… Le mont est couronné d'un observatoire météorologique d'où l'on découvre un exceptionnel panorama sur la Méditerranée, les Pyrénées, les Alpes. Les pentes moutonnent de forêts, paradis des randonneurs.

Vers l'ouest, à la frontière des Cévennes et des Causses, deux curiosités méritent le détour.

Près de Villemagne subsistent les témoins délaissés des mines de plomb argentifère. Proche de Camprieu, l'abîme du *Bramabiau* est l'extraordinaire résurgence en cascade du petit ruisseau du Bonheur. « Bramabiau » signifie « beuglement de bœuf ». Par temps de crues, le mugissement est impressionnant. Depuis l'exploration d'Édouard-Alfred Martel en 1888, 10 kilomètres de galeries ont été découvertes. Par la sombre crevasse d'où surgit la cascade, il est aujourd'hui possible de pénétrer dans cet univers souterrain, fascinante succession de hautes fissures et de couloirs étroits.

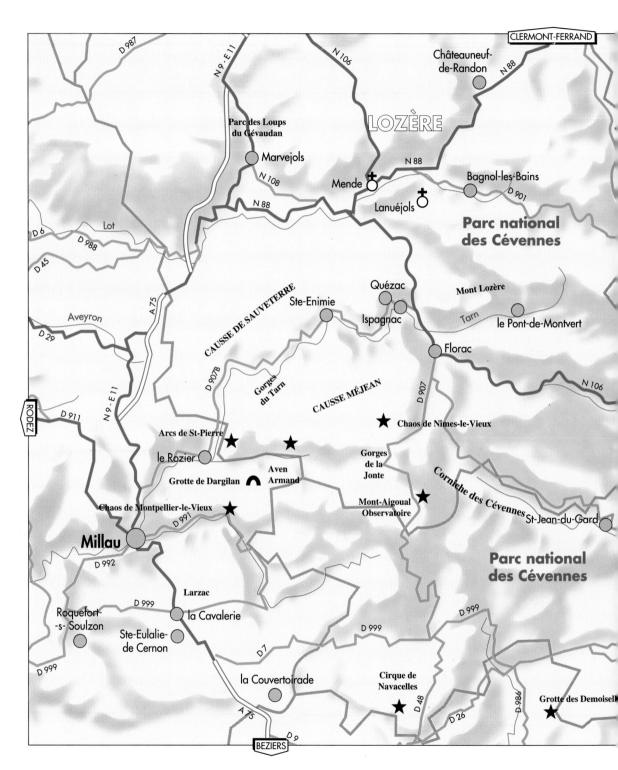

CLERMONT-FERRAND

D 987

N 9 - E 11

N 106

Châteauneuf-
de-Randon

N 88

LOZÈRE

Parc des Loups
du Gévaudan

N 88

Marvejols

N 108

Mende

Bagnol-les-Bains

D 901

N 88

Lanuéjols

**Parc national
des Cévennes**

Lot

D 6

D 988

Quézac

Mont Lozère

D 45

Aveyron

Ste-Enimie

Ispagnac

Tarn

le Pont-de-Montvert

D 29

CAUSSE DE SAUVETERRE

A 75

Florac

N 106

D 907B

D 907

RODEZ

D 911

N 9 - E 11

Gorges
du Tarn

CAUSSE MÉJEAN

★ Chaos de Nîmes-le-Vieux

Arcs de St-Pierre ★

★

le Rozier

Gorges
de la
Jonte

Grotte de Dargilan ⌒ Aven
Armand

Corniche des Cévennes

St-Jean-du-Gard

Chaos de Montpellier-le-Vieux ★

Mont-Aigoual
Observatoire ★

D 991

Millau

**Parc national
des Cévennes**

D 992

Larzac

D 999

D 999

Roquefort-
-s- Soulzon

la Cavalerie

Ste-Eulalie-
de-Cernon

D 999

D 7

la Couvertoirade

Cirque de
Navacelles

D 48

Grotte des Demoisel

D 999

A 75

D 986

D 26

BEZIERS

D 9

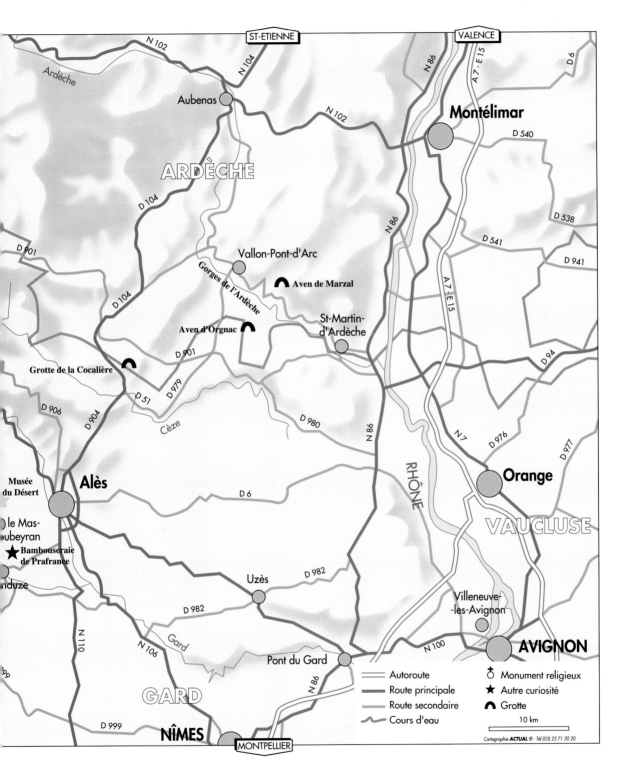

ST-ETIENNE

VALENCE

N 102

N 104

Ardèche

N 86

A7 - E 15

D 6

Aubenas

N 102

Montélimar

D 540

ARDÈCHE

D 104

N 86

D 538

D 901

D 541

Vallon-Pont-d'Arc

D 941

Gorges de l'Ardèche

Aven de Marzal

A7 - E 15

Aven d'Orgnac

St-Martin-
d'Ardèche

D 901

D 94

Grotte de la Cocalière

D 979

D 51

D 906

D 904

Cèze

D 980

N 86

RHÔNE

Orange

N 7

D 976

D 977

**Musée
du Désert**

Alès

D 6

VAUCLUSE

le Mas-
oubeyran

★ **Bambouseraie
de Prafrance**

nduze

Uzès

D 982

Villeneuve-
-les-Avignon

D 982

N 110

AVIGNON

Gard

N 106

N 100

Pont du Gard

N 86

GARD

Autoroute	☿ Monument religieux
Route principale	★ Autre curiosité
Route secondaire	⌒ Grotte
Cours d'eau	10 km

D 999

NÎMES

MONTPELLIER

Cartographie **ACTUAL** ® - Tél (03) 25 71 20 20

LES GORGES DE L'ARDÈCHE

Pourquoi ne pas commencer cette promenade par le pont d'Arc, une arche rocheuse monumentale de 34 mètres de hauteur et de 59 mètres de large ? Les *gorges de l'Ardèche* s'encaissent un peu plus loin, en une succession de méandres nonchalants et de rapides rageurs. Chacun des nombreux belvédères mérite une halte : belvédères du Serre de Tourre, de Gaud, d'Autridge, de Gournier, de la Madeleine (un promontoire stupéfiant au-dessus des remparts de la Haute-Corniche).

Dans le flanc nord de cette falaise s'ouvre la grotte de la *Madeleine*, avec ses galeries, ses tunnels et des salles tapissées de concrétions. Six kilomètres plus au nord, sur le plateau des Gras, longtemps dissimulé sous des fourrés de chênes verts, l'aven de *Marzal* engloutissait les imprudents, hommes ou animaux. Un vertigineux escalier

ménagé dans l'orifice descend jusque dans la salle du Tombeau, où furent trouvés de nombreux ossements. La visite continue par la salle du Chien jusqu'à la salle des Diamants, par moins 130 mètres.

De retour aux gorges, l'on contemplera les panoramas de la Cathédrale, du balcon des Templiers, du Grand Belvédère, des belvédères du Colombier puis du Ranc Pointu. À Saint-Martin-d'Ardèche, prenez la D 174 ; elle mène au célèbre aven d'*Orgnac*. Robert de Joly en a fait la première exploration en 1935. Les spéléologues découvrent encore de nouvelles galeries dans cet incroyable réseau souterrain. La couleur rouge sombre de certaines coulées, l'ampleur des concrétions, le mystère des couloirs inexplorés fascineront les visiteurs de cet aven considéré comme l'un des plus beaux du monde.

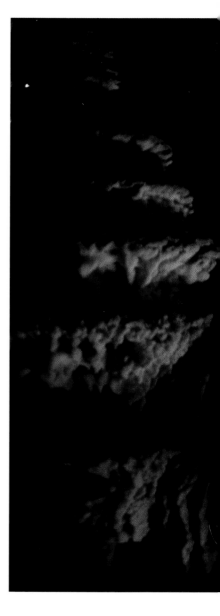

AVEN ARMAND

Un jour de septembre 1897, *Louis Armand*, serrurier au village du Rozier, découvre un incroyable abîme au cœur du causse Méjean. Il prévient aussitôt son ami le spéléologue Édouard-Alfred Martel, toujours à l'affût de nouveaux gouffres.

L'exploration commence le 19 septembre. Au pied de l'aven, par 75 mètres de fond, Louis Armand contemple « un rêve des *Mille et Une Nuits* » : « Superbe ! Magnifique ! Plus beau que Dargilan ! Une vraie forêt de pierres ! »

Depuis 1926, cette merveille du monde souterrain est ouverte au public. Un tunnel de 188 mètres a été creusé pour accéder directement au pied du puits, dans une salle de 50 mètres sur 100, haute de 35 mètres, où quatre cents stalagmites aux

L'Aven Armand, la « forêt vierge ».

formes fantastiques s'élèvent à près de 25 mètres. C'est la « forêt vierge », aux mille arabesques scintillantes du cristal ciselé. De l'autre côté, une ombre opaque signale un gouffre plus profond encore, fermé par des éboulis à moins 196 mètres.

Le *causse Méjean* présente encore deux curiosités spectaculaires : le *chaos de Nîmes-le-Vieux*, à l'est, aux gigantesques dolomies ruiniformes ; et les *Arcs de Saint-Pierre*, à l'ouest, un cirque rocheux où furent trouvés de nombreux vestiges préhistoriques.

Vous profiterez de ces promenades pour aller caresser les étonnants chevaux de Przewalski élevés à *Hures-la-Parade*, et visiter la ferme caussenarde typique de *Hyelsas*.

Le Languedoc-Roussillon

La corniche des Cévennes.

LA CORNICHE
DES CÉVENNES

De Florac à Saint-Jean-du-Gard, la D 9, surnommée « *Corniche des Cévennes* », traverse le Parc national et surplombe la vallée Française du Gardon de Sainte-Croix au nord-est et la vallée Borgne du Gardon de Saint-Jean au sud-ouest. C'était le pays des camisards, protes-tants « en chemise » révoltés contre les dragons de Louis XIV. Ils se réunissaient parfois à la *Can de l'Hospitalet*, entre les curieux rochers qui semblent les ruines d'un temple. Passé l'*Hospitalet*, lieu d'asile pour voyageurs égarés, le plateau calcaire dégage une vue splendide sur le mont Lozère et l'Aigoual aux pentes moutonnantes de feuillus. À Saint-Flour-du-Pompidou, le calcaire fait place aux schistes. La route des crêtes sinue d'un versant à l'autre et offre d'admirables panoramas jusqu'à la descente en lacets vers Saint-Jean-du-Gard.

LES DOMAINES DES TEMPLIERS

Ancienne possession des Templiers, puis des chevaliers de Saint-Jean, *La Couvertoirade* est un remarquable bourg fortifié qui a conservé ses remparts du XVe siècle, des éléments du château des XIIe-XIVe siècles, une église forteresse et des maisons Renaissance.

Tout alentour, le *Larzac* aride offre ses mille secrets aux amateurs d'aventures : imprévisibles

La Couvertoirade, porte fortifiée.

Rochers du Larzac.

Sainte-Eulalie-de-Cernon, commanderie des Templiers.

avens, béances des abysses ; rochers fantomatiques ; falaises et gorges, rivières à sec, tumultueuses résurgences ; villages aux maisons couvertes de lauzes, aux vieilles tours féodales, aux portes fortifiées (voyez *La Cavalerie* et *Sainte-Eulalie-de-Cernon*, superbe place forte et ancienne commanderie des Templiers) ; chapelles égarées dans le désert (à La Salvage, par exemple) ; bergeries ; fermes confondues avec la pierre. Et partout un paysage de Far West.

Le Cantal, élevage de brebis à Sainte-Eulalie.

Le Languedoc-Roussillon

LA GROTTE DES DEMOISELLES

L'aven ouvert sur le plateau de Thaurac terrifiait les paysans des environs. Ils y voyaient l'entrée du domaine des fées, ou « demoiselles ». La *grotte des Demoiselles* a servi de refuge aux camisards sous Louis XIV, puis aux prêtres réfractaires pendant la Révolution. Elle a été explorée par Édouard-Alfred Martel en 1884, 1889 et 1897. Un indéfinissable malaise suinte des salles bardées de stalactites et des couloirs parfois étroits aux parois tapissées de concrétions. Brusquement, une tribune s'ouvre sur une nef gigantesque, longue de 120 mètres, large de 80, haute de 50. Cette « cathédrale » de silence, nimbée d'une brume évanescente, modèle la roche translucide en des formes troublantes : « buffet d'orgues », « Vierge à l'Enfant ».

LES GORGES DE LA JONTE ET LA GROTTE DE DARGILAN

De Meyrueis au Rozier, sur plus de vingt kilomètres, la *Jonte* se fraye un défilé entre le causse Méjean, au nord, et le causse Noir, sur la rive gauche. Le torrent écumant, né sur le flanc septentrional de l'Aigoual, paraît frémir sous les dolomies suspendues du causse Noir, tan-

Gorges de la Jonte.

dis que le front calcaire du Méjean, tout en bastions crevassés, imite les somptueuses fantaisies des palais arabes.

Ces falaises recèlent quantité de grottes : celles de la Vigne et de la Chèvre, au versant nord, où furent trouvés des ossements d'hommes et d'ours du quaternaire. Affouillée dans la muraille du causse Noir, la célèbre grotte de *Dargilan* a été découverte par hasard. En 1880, le berger Sahuquet voit un renard se faufiler dans un buisson, au creux des rochers. Le berger se fraye un passage et découvre ce qu'il croit être l'entrée des enfers. Il s'enfuit, mais son aventure intrigue les spéléologues. En 1888, Édouard-Alfred Martel entreprend l'exploration de la grotte. La Grande Salle est longue de 140 mètres et haute de 35 mètres. Au fond, la salle Rose et la salle de la Mosquée s'offrent comme un mirage de stalagmites nacrées. Un puits naturel mène ensuite aux Cascades pétrifiées, à la salle du Lac, au Labyrinthe, à la salle des Gours, puis au fameux clocher, haut de 20 mètres.

Ferme lozérienne et mont Lozère.

SUR LES PAS DE DU GUESCLIN : LANGOGNE ET CHÂTEAUNEUF-DE-RANDON

Cité d'histoire, à l'architecture médiévale, renaissance et classique, *Langogne* love ses maisons autour de l'église Saint-Gervais-Saint-Protais, sanctuaire d'un pèlerinage à Notre Dame de Tout-Pouvoir. Un pont gothique, des halles à grains du XVIIIe siècle ajoutent au dépaysement. Sur quatre étages, la filature des Calquières est un exemple unique de fabrique à l'ancienne.

Depuis Langogne, vous irez flâner au lac artificiel de *Naussac*, qui engloutit tout un village. Vous visiterez le château féodal du *Luc* (XIIe siècle), gardien des frontières du Gévaudan et du Vivarais, remarquable par son architecture en « épi de blé ». Plus au sud, sur la commune de Bastide-Puylaurent, le dolmen du Thord évoque le temps des druides. Par la forêt de Mercoire, vous gagnerez *Châteauneuf-de-Randon* où un musée et une statue célèbre rappellent le souvenir de Bertrand du Guesclin qui mourut le 14 juillet 1380 alors qu'il assiégeait la cité.

LE MONT LOZÈRE

Au nord du parc national des Cévennes, le mont Lozère culmine à 1669 mètres. Massif en voie d'abandon, il offre pourtant bien des richesses au visiteur curieux. Dominant les gorges du Chassezac, voici par exemple le château de la Garde-

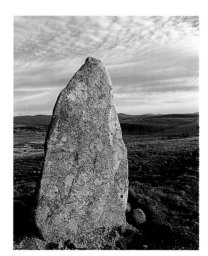

Menhir à la Vayssière.

Le mont Lozère.

Guérin. Son donjon du XIIe siècle, haut de 21 mètres, domine un ensemble de 27 maisons fortes, occupées autrefois par les 27 seigneurs chargés de protéger les marchands de la voie Régordane, entre l'Auvergne et le Languedoc. La chapelle du château, devenue église paroissiale, est un joyau roman.

Vers l'est, le barrage de Villefort a noyé la gorge de l'Altier, créant un vaste plan d'eau. Une digue a sauvé de l'engloutissement le beau château de *Castanet*, manoir des XVe-XVIe siècles dont les tourelles d'angles, tronquées au sommet, sont percées de bouches à feu.

Au flanc sud du mont Lozère, *Le Pont-de-Montvert* garde le souvenir de l'assassinat de l'abbé du Chayla par 53 conjurés protestants. C'était le 24 juillet 1702. La révolte camisarde commençait.

Le pont-de-Montvert.

Côté ouest, au-delà de *Runes* et de sa cascade, *La Vayssière* a révélé un champ de menhirs qui passionne les préhistoriens. Vers le nord enfin, *Lanuéjols* s'enorgueillit d'un mausolée romain et *Saint-Julien-du-Tournel* d'un superbe château fort. La station thermale de *Bagnols-les-Bains* s'est établie sur une source sulfurée-bicarbonatée, riche en fluor et métaux rares, qui jaillit à 41,5 °C.

LES LOUPS DU GÉVAUDAN

Marvejols est célèbre pour ses portes fortifiées de Soubeyran, du Théron et de Chanelles, témoins des combats menés aux côtés de du Guesclin puis contre l'amiral de Joyeuse durant les guerres de Religion. Au nord de Marvejols, entre les vallées de la Crueize et de « l'Enfer », près du village de *Sainte-Lucie*, plus de cent loups vivent en semi-liberté, descendants débonnaires de la bête du Gévaudan.

Si vous partez en promenade vers la vallée du Lot, faites une halte à *Chanac*, au domaine des Champs, îlot médiéval étonnamment reconstitué avec sa ferme, ses ateliers, sa taverne et sa salle de banquet.

UN HAUT LIEU DE LA RÉSISTANCE PROTESTANTE : LE MAS-SOUBEYRAN

Vous êtes ici en un lieu sacré de la foi réformée. Marginalisés par la révocation de l'édit de Nantes (1685), persécutés par les dragons de Louis XIV (ce sont les fameuses dragonnades), pourchassés après l'insurrection des camisards en 1702, les protestants abandonnent leur guérilla sans espoir après la mort de leur chef Roland, abattu en 1704.

Au *Mas-Soubeyran*, un « musée du Désert » est installé dans la maison de Roland. La chambre, la cachette où il se réfugiait en cas d'alerte, la cuisine, tout est demeuré en l'état. Une salle présente plus de quatre-vingts bibles, souvent précieuses, offertes par des familles huguenotes. Une riche collection de documents retrace l'histoire de la résistance protestante dans le « désert » des Cévennes, jusqu'à l'édit de Tolérance de 1787.

Mende, pont Notre-Dame sur le Lot.

Mende et sa cathédrale vue de l'ermitage Saint-Privat.

Un bâtiment attenant com-mémore les martyrs de la révol-te. La visite s'achève dans un intérieur cévenol reconstitué.

Chaque année, le premier dimanche de septembre, près de 20 000 fidèles se réunissent au Mas.

Tout près de là, on visitera l'immense grotte aux « cent mille soldats » de *Trabuc* qui ser-vit de refuge aux camisards puis à des brigands, les trabucaires.

MENDE, LA « NON-PAREILLE »

P orte des Causses, *Mende* était la capitale du Gévaudan avant d'être préfecture de la Lozère. Établie sur la rive gauche du Lot, la ville s'est édi-fiée autour du tombeau de saint

Mende, les maisons le long du Lot.

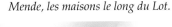

Privat, martyrisé à Mende vers 265, et inhumé à l'emplacement de la cathédrale. L'imposant sanctuaire gothique domine la cité. Il a été élevé au début de la guerre de Cent Ans (1368) par le pape Urbain V, Gévaudanais d'origine. Le grand clocher (84 mètres) date seulement de 1508 ; le plus petit est de l'année suivante. En 1579, le capitaine Merle et ses huguenots s'emparent de Mende. Ils font sauter la cathédrale, à l'exception des clochers, et brisent la « Non-pareille », la plus grosse cloche de la chrétienté. Les bâtiments sont relevés de 1599 à 1605. On verra dans le chœur de magnifiques stalles en bois sculpté. La crypte, l'une

des plus anciennes de France, abrite le tombeau de saint Privat.

Dans les ruelles anciennes, vous découvrirez l'hôtel de ville du XVIIᵉ siècle, le musée Ignon-Fabre qui réunit diverses collections remontant à la préhistoire, la tour des Pénitents, vestige des fortifications du XIIᵉ siècle, la Maison consulaire, l'ancien couvent des Carmes (XIVᵉ siècle), l'ancienne synagogue (XIIᵉ siècle) et, franchissant le Lot, le pont Notre-Dame, du XIIIᵉ siècle. Comme tous les Lozériens amoureux de leur pays, vous vous rendrez enfin à pied au mont Mimat, pour un pèlerinage à la grotte qui fut ermitage de saint Privat.

BEAU EST MILLAU

Au premier siècle de notre ère, *Millau* était célèbre pour ses poteries de luxe, produites dans les ateliers de la Graufesenque, au sud de la ville, et distribuées dans tout l'Empire romain, de Pompéi jusqu'en Écosse. Des vases remarquables, presque intacts, nous ont été conservés. Ils sont exposés au musée de la ville et au musée Fenaille de Rodez. Cette activité a cédé la place aux peausseries. Depuis le Moyen Âge, Millau est la capitale du gant d'agneau.

Dans la vieille cité, lovée dans une boucle du Tarn, vous flânerez

Millau, place du Maréchal-Foch.

Millau, le travail des peaux.

Chaos de Montpellier-le-Vieux.

sous les arcades médiévales de la place du Maréchal-Foch et au long des pittoresques venelles bordées de vieux hôtels. Les principales curiosités sont l'église Notre-Dame, un édifice roman remanié au XVIIe siècle ; le beffroi carré (XIIe siècle) surmonté au XVIIe siècle d'une tour octogonale ; un vieux moulin du XVe siècle en avancée sur le Tarn, et un ravissant lavoir du XVIIIe siècle.

Sur la rive gauche du Tarn s'ouvre le canyon de la *Dourbie*. Entre Millau et l'Espérou, ce fleuve incise le Causse en des gorges dépassant 300 mètres par endroits. Certains villages, *Cantobre* par exemple, se confondent avec les gigantesques murailles rocheuses déchiquetées.

QUAND LA NATURE DEVIENT SURNATURELLE : MONTPELLIER-LE-VIEUX

*M*ontpellier-le-Vieux semble un enfantement titanique. Cité pétrifiée, œuvre de l'érosion, elle accroche son chaos de ruines grandioses au flanc du causse Noir, à 400 mètres au-dessus de la Dourbie. Piliers, arches immenses, couloirs, gradins, colosses de rocs, donjons naturels, chaque forme a son nom : porte de Mycènes, Nez de Cyrano, Tête d'Arlequin, le Chameau, le Sphinx... La grotte de Baume-Obscure était un antre d'ours, et le site entier passait pour un repaire de

Le Languedoc-Roussillon

Satan. Les Caussenards gardaient secret ce lieu isolé, dissimulé derrière ses remparts naturels. C'est en 1883 seulement que des journalistes locaux citèrent Montpellier-le-Vieux. Les rochers de Douminal, du Rempart (830 mètres) ou du Belvédère offrent des vues remarquables sur cette capitale mort-née des Causses.

LE CIRQUE DE NAVACELLES

Le cirque de *Navacelles* fait le bonheur des géographes qui y voient un remarquable exemple de méandre abandonné. La Vis coulait dans une boucle au pied de gorges impressionnantes. La force du courant a finalement tranché la crête rocheuse qui imposait le détour, et le méandre s'est endormi.

Navacelles est aussi un émerveillement pour tous ceux qui le découvrent : l'ampleur de son amphithéâtre, l'étrange oppidum en mille-feuilles de rocailles, isolé au centre, l'ancien cours aux alluvions verdoyantes, les quelques maisons accrochées aux arêtes rocheuses, l'harmonie des couleurs et la délicieuse impression de fraîcheur dans l'aridité des Causses font de Navacelles un site inoubliable.

Chaos de Montpellier-le-Vieux.

De Navacelles, vous pourrez vous rendre à *Ganges*, comptoir de métaux précieux dans l'Antiquité, puis capitale de la soie à la Renaissance. Jusqu'à l'avènement des bas Nylon, Ganges tissait chaque année 80 000 paires de bas de soie. En aval de Ganges, le village fortifié de *Laroque* abrite une belle filature du XIXe siècle.

ROQUEFORT

Étagé sur l'âpre versant du massif calcaire du Cambalou, *Roquefort-sur-Soulzon* est mondialement célèbre pour son fromage élaboré à partir du lait des brebis du Larzac et des Causses voisins. Apprécié déjà dans l'Antiquité romaine, le roquefort doit ses particularités à la qualité du lait, à l'ensemencement du caillé par le « penicillium roqueforti », une moisissure que l'on trouve dans les grottes des environs, ainsi qu'aux techniques de maturation. L'affinage se réalise dans les cavernes qui crevassent le Cambalou. Ces « caves » sont humides, à température constante de 5 à 7°, et constamment ventilées par les courants d'air qui circulent entre des cheminées naturelles dénommées « fleurines ». Le penicillium se développe et forme les marbrures bleu vert du roquefort. En trois mois, le fromage est à point, prêt à être vendu dans toute l'Europe et en Amérique.

Cirque de Navacelles.

*Sainte-Énimie, procession
à la grotte de l'Ermitage.*

AUX CONFINS
DU CANTAL,
LA MARGERIDE
ET L'AUBRAC

Saint-Chély-d'Apcher est un point de départ idéal pour des balades dans le massif granitique de la Margeride, qui culmine à 1551 mètres au signal de Randon, et sur le plateau de l'Aubrac dont les murets de pierre et les tourbières évoquent étrangement la lande écossaise. Par des routes quasi désertes, au cœur des grands espaces oubliés des hommes, vous découvrirez de merveilleux villages, des sites inespérés : Le Malzieu sur la Truyère, et sa tour de l'Horloge, vers Sainte-Eulalie un parc de 170 hectares où errent des bisons, Saint-Alban-sur-Limagnole, et sa superbe église, Fournels, Nasbinals et les burons de Canuc, puis le château de la Baume dont le luxe « Grand Siècle » étonne en ces contrées hors du monde.

Florac.

LES GORGES
DU TARN

De Florac au Rozier, sur 90 kilomètres, les *gorges du Tarn* se frayent un lit entre le *causse du Sauveterre*, au nord, et le *causse Méjean*, le long de failles aux gigantesques murailles calcaires. C'est ici le domaine de la randonnée, de l'escalade, de la spéléologie et du canoë-kayak.

Florac, la « Fleur des eaux », se mire dans le Tarnon, au pied du causse Méjean. Le calme de ses rives ne laisse pas présager la violence du canyon voisin. Passé le bourg encore tranquille d'*Ispagnac*, dont l'église romane et les maisons Renaissance paraissent assoupies dans un nid de vergers, passés le pont (réédifié au XVe siècle) et la célèbre église de pèlerinage de *Quézac*, le Tarn commence à s'encaisser. Les châteaux de Rocheblave et de Charbonnières, puis le fort médiéval de *Castelbouc*, sur son aiguille rocheuse de 60 mètres, jouent les vigies, hérauts de *Sainte-Énimie*, la capitale des gorges, lovée entre des falaises abruptes, hautes de 600 mètres, écartées de moins de 2000 mètres.

Aux fantastiques paysages du canyon, il fallait une légende : Énimie est une princesse mérovingienne lépreuse. Un soir, un ange lui révèle que la source de Burle, en Gévaudan, peut la guérir. À l'issue d'un long voyage, Énimie parvient aux bords du Tarn. Un berger lui désigne la fontaine. Et la peau de la princesse devient « blanche comme le lait pur ». La jeune fille ordonne la construction d'un monastère à proximité de la fontaine. Mais tous les samedis, le diable sort d'un aven voisin pour détruire le travail accompli. Énimie le surprend et le poursuit dans les gorges jusqu'au Pas du Souci. Mais la nuit tombe. La jeune fille appelle à son secours les forces mystérieuses de la montagne. D'énormes blocs de rochers dévalent alors sur le Malin qui a juste le temps de se couler dans une fissure pour regagner les Enfers.

Les fidèles se recueillent à Sainte-Énimie devant la fontaine de la Burle, au monastère, et dans la grotte où Énimie finit ses

Sainte-Énimie, ruelles pavées.

Ispagnac, maison traditionnelle.

jours en ermite. On y voit la roche qui lui servait de lit. De l'eau suinte du rocher. Elle passe pour guérir les maladies de peau.

Tout au long du canyon, on retrouve les rocs titanesques mis en branle par la sainte. Dans un bout du monde, le cirque de

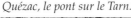

Quézac, le pont sur le Tarn.

Le Languedoc-Roussillon

Cirque des Baumes.

Village du Rozier. Corniches du Causse noir et du causse Méjean.

Le village des Vignes.

Castelbouc et son fort.

Le Languedoc-Roussillon

Saint-Chély est criblé de grottes. Le cirque de Pougnadoires est le domaine des maisons troglodytes. Après la parenthèse romantique du château de la Caze (XVe siècle), la gorge se resserre aux Détroits, s'élargit un moment dans le cirque des Baumes, s'anéantit dans le formidable chaos du Pas du Souci. L'énorme Roque-Sourde, précipitée contre Satan, gît au fond. La Roche-Aiguille, stoppée dans son élan, demeure inclinée. Du haut de la corniche, à 430 mètres au-dessus du fleuve, le Point-Sublime permet d'embrasser l'ensemble de ce paysage dantesque, depuis les Détroits jusqu'au Pas du Souci.

Au confluent du Tarn et de la Jonte, le paisible village du *Rozier* marque la fin des gorges sous le regard impressionnant des vautours fauves. Un musée de l'architecture locale y évoque la vie d'antan en Lozère.

Sainte-Énimie et le Tarn.

Des Cévennes à la Camargue

*Aigues-Mortes,
les murailles.*

Surgissant des marais et des lagunes, les murailles d'Aigues-Mortes, « les eaux mortes », flanquées de vingt tours rondes ou carrées, aux pierres brûlées de soleil, ont quelque chose d'oriental. L'histoire même de cette cité spectrale semble une légende : Louis IX, qui prépare sa croisade en Terre sainte, cherche un port sur la côte méditerranéenne. Narbonne est ensablée, Marseille n'appartient pas à la France. En 1237, le souverain s'entend avec les seigneurs-abbés du couvent de Psalmodi et achète ce village situé à proximité de la mer. Il fait édifier un formidable donjon, la *tour de Constance*, et creuser un port et un canal ouvrant sur la Méditerranée. Le 28 juillet 1248, 50 000 hommes embarquent pour la septième croisade qui les mènera en Égypte. En 1270, Louis repart d'Aigues-Mortes pour sa dernière expédition.

C'est le fils de Saint Louis, Philippe le Hardi, qui termine la bastide rectangulaire de 500 mètres sur 300, et l'enceinte à neuf portes, œuvre de l'ingénieur génois Boccanegra.

Le Languedoc-Roussillon

MENDE

Ste Epimie
CAUSSE DE SAUVETERRE
Gorges du Tarn
Tarn
Florac
CAUSSE MÉJEAN
D 907
Aven Armand
Chaos de Nîmes-le-Vieux
Arcs de St-Pierre
Gorges de la Jonte
Corniche des Cévennes
Grotte de Dargilan
Mont-Aigoual Observatoire
Chaos de Montpellier-le-Vieux
St-Jean-du-Gard
PARC NATIONAL DES CÉVENNES
Larzac
la Couvertoirade
Cirque de Navacelles
D 999
D 7
D 999
D 26
Grotte des Demoiselles
St-Guilhem-le-Désert
D 25
Hérault
D 986
St-Martin-de-Londres
D 986
Lodève
D 32
A 75
Barrage de Salagou
Cirque
D 908
Mourèze
Clermont-l'Hérault
Gignac
N 109 - E 11
D 112
HÉRAULT
N 113
D 13
N 9
Pézenas
LA LANGUEDOCIENNE
N 300
N 112
BÉZIERS
D 51
N 112
Agde
N 112
Sète
Fort Brescou

AUBENAS
Grotte de la Cocalière
D 901
D 979
Aven d'Orgnac
St-Martin-d'Ardèche
D 51
D 904
D 906
D 980
Cèze
N 106
N 86
Musée du Désert
Alès
le Mas-Soubeyran
Bambouseraie de Prafrance
Anduze
Uzès
D 982
D 982
D 982
Gard
Pont du Gard
N 106
GARD
D 999
N 110
NÎMES
A 9 - E 15
Ambrussum
N 113
D 135
N 113
D 42
St-Gilles
Lunel
N 572
MONTPELLIER
D 82
Aigues-Mortes
la Grande-Motte
D 58
Rhône
Petit Rhône
D 570
D 570

MONTÉLIMAR
A 7 - E 15
N 7
D 976
Orange
D 977
RHÔNE
VAUCLUSE
Villeneuve-lès-Avignon
N 100
AVIGNON
D 986
N 7
Beaucaire
D 970
D 571
MARSEILLE
N 570
D 99
D 5
D 17
D 5
ARLES
BOUCHES-DU-RHÔNE
GRAND RHÔNE
N 568
MARSEILLE
N 268

GOLFE DU LION

10 km

Cartographie **ACTUAL** ® - Tél (03) 25 71 20 20

PERPIGNAN
N 9

Légende :
— Autoroute
— Route principale
— Route secondaire
~ Cours d'eau
☿ Monument religieux
★ Autre curiosité
∩ Grotte

Durant une centaine d'années, le port est très actif. Puis ses chenaux s'envasent. La guerre de Cent Ans fait des ravages : en 1418, les Armagnac massacrent les soldats bourguignons et entreposent leurs cadavres préalablement salés dans la tour nommée depuis « tour des Bourguignons ». Pendant les guerres de Religion, la tour de Constance est convertie en prison pour les protestants. La création du port de Sète, en 1666, porte le dernier coup à Aigues-Mortes, immobile désormais comme un mirage médiéval.

Aigues-Mortes.

Alès, vue de l'Ermitage.

ALÈS

Alès est célèbre pour la paix qui y fut signée entre Louis XIII et les protestants en 1629. Haut lieu de la sériciculture et de la production de la soie, la ville conserve le souvenir de Louis Pasteur qui y vint enrayer l'épizootie de pébrine qui tuait les vers. Le séjour du savant fut marqué par plusieurs drames familiaux : morts de son père et de ses deux filles. Alès enfin est un centre industriel alimenté par des mines de charbon, de fer, de plomb... Une mine témoin ouvre ses 650 mètres de galeries reconstituant avec précision l'histoire de la mine.

Le Languedoc-Roussillon

ANDUZE, LA GENÈVE
DES CÉVENNES

Blottie contre le mont Saint-Julien, protégée des crues du Gardon par une haute digue, *Anduze*, depuis trois mille ans, garde la porte des Cévennes. La pittoresque cité est fière de ses ateliers de céramique où furent créés les grands vases en terre vernissée qui ornèrent les jardins de Versailles dès 1680. Mais elle est fière surtout de son histoire. Calviniste depuis 1557, siège de l'assemblée générale des protestants du Bas-Languedoc (1579), la « Genève des Cévennes » a résisté à toutes les expéditions répressives. Puissamment fortifiée par le duc de Rohan, elle fut épargnée lors de la campagne menée par Louis XIII et Richelieu en 1629. Seul l'édit de grâce, signé à

Anduze au pied du mont Saint-Julien.

Détails de toiture.

Anduze, la fontaine-pagode.

114

Alès la même année, décida la ville à mettre bas les armes et à démanteler ses fortifications. Il n'en reste plus aujourd'hui que la vieille tour de l'Horloge. Mais Anduze offre encore au visiteur un beau château XVIIe siècle, un musée de la musique riche de 1400 instruments, une curieuse fontaine au toit en pagode, de

Les bambous du parc de Prafrance.

vieilles halles et de délicieuses ruelles tortueuses.

À 2 kilomètres, le fantastique *parc de Prafrance* offre un spectacle ahurissant et fort dépaysant. Sous l'effet d'un microclimat, on trouve sur plusieurs hectares une forêt de bambous hauts de 20 mètres, des séquoias de Californie, un arboretum aux essences exotiques, des serres et des bassins de lotus. Ce parc étonnant, où furent tournés des films aux décors tropicaux, a été fondé vers 1880 par l'agronome Martel.

Le train à vapeur des Cévennes conduit à *Saint-Jean-du-Gard* où vous découvrirez le Musée des vallées cévenoles, consacré à la vie quotidienne dans les Cévennes, un musée de voitures anciennes, et l'étonnant Atlantide Parc aux 48 aquariums de poissons exotiques.

BEAUCAIRE ET LES FOIRES MÉDIÉVALES

Rivale de Tarascon qui lui fait face sur l'autre rive du Rhône, Beaucaire est célèbre pour la foire instituée en 1217 et qui attirait chaque année en juillet près de 300 000 visiteurs. On y rencontrait des Flamands venus vendre leurs draps, des Anglais, des Provençaux écoulant leur huile, des Orientaux avec leurs épices, des Espagnols, des Africains... et d'innombrables bateleurs venus égayer les « pieds-poudreux », c'est-à-

Beaucaire, la forteresse.

Beaucaire, la vieille ville.

de France. Une galerie de 1200 mètres relie plusieurs salles aux riches concrétions : la salle du congrès, qui peut abriter 600 personnes, le camp des spéléo-logues, la salle du chaos et la fameuse cascade scintillante de gours vert-bleu. L'on y verra des « perles de caverne », de curieux « disques », des stalactites de calcite pure, d'étonnantes dra-peries.

LES GORGES DU GARDON

Après une visite au Pont du Gard, pourquoi ne pas pous-ser jusqu'aux gorges du Gardon ? Vous ferez halte au vil-lage de Sanilhac, point de départ d'un sentier un peu vertigineux qui conduit à un éperon rocheux dominant le Gardon. Là s'ouvre la grotte de la Baume. C'est dans les environs que furent tournées plusieurs scènes du « Salaire de la peur ». De retour à Sanilhac, continuez la D 112 jusqu'à Campagnac et au pont Saint-Nicolas, début d'une promenade à pied dans les gorges jusqu'à Russan. Attention toutefois aux montées brutales des eaux. Dominant le fleuve, les falaises calcaires blanches, criblées de grottes, ont des à-pic de 80 mètres. On poursuivra la prome-nade jusqu'à Dions et au gouffre d'Espeluca dont l'énorme gueule s'ouvre en pleine garrigue.

dire les marchands. Chaque rue avait son commerce particulier : rue du Beaujolais, rue des Orfèvres... Un immense bazar était installé au pied de la colline du château. Celui-ci, édifié par Louis IX, fut démantelé sur ordre de Richelieu. Demeuré intact, le *donjon* triangulaire offre de sa terrasse une vue magni-fique sur le Rhône et les Alpilles.

LA GROTTE DE LA COCALIÈRE

Trente-cinq kilomètres de galeries explorées, des formes inexpliquées, des chatoiements de couleurs, telle est, au nord-est d'Alès, la grotte de la Cocalière, la plus grande caverne

Lodève, l'église Saint-Fulcran et son impressionnante tour gothique.

LODÈVE, PORTE DU LARZAC

Sur le confluent de la Lergue et de la Soulondres, la pittoresque cité « drapante » de Lodève conserve le souvenir de saint Fulcran, évêque de 949 à 1006, dont le cadavre incorrompu malgré les siècles fut débité en morceaux par des soldats calvinistes en juillet 1573. L'église, restaurée après les guerres de Religion, est remarquable par sa tour gothique de 58 mètres, ses murailles défensives et la rose de sa façade. L'ancien cloître (XIVᵉ-XVIIᵉ siècle) abrite un musée lapidaire.

Lodève, fête estivale.

La patrie du cardinal de Fleury est riche aussi d'un musée consacré à l'histoire locale, de beaux hôtels du XVIIIᵉ siècle dans le quartier marchand, et d'une manufacture nationale du tapis, annexe des Gobelins. Aux environs, le CEA exploite l'uranium dans la mine à ciel ouvert du Mas-d'Alary et le transforme dans l'usine de Saint-Martin-du-Bosc. Ces prospections minières ont permis de découvrir des fossiles de dinosaures bipèdes et un aphelosaurus vieux de 280 millions d'années.

La D 35 vers Bédarieux puis la route des rives de l'Orb mènent à *Avène-les-Bains*. Avec l'aide des laboratoires Pierre Fabre, la station thermale a été relancée en 1987. La source Sainte-Odile est réputée pour ses vertus apaisantes utilisées dans le traitement des maladies de peau et des brûlures.

Le Languedoc-Roussillon

NÎMES, PERLE
DE L'EMPIRE ROMAIN

Née près de la source sacrée qu'on voit couler au « jardin de la Fontaine », l'antique Nemausus, du nom d'un dieu local, devint sous Auguste, en 19 av. J.-C., l'une des plus belles et actives cités de la Gaule narbonnaise et de tout l'Empire. Une colonie de légionnaires romains revenant d'Égypte s'y établit. De là vient le crocodile figurant dans les armoiries de la ville. La voie Domitienne, unissant l'Italie à l'Espagne, passait par Nemausus, et six autres grands axes routiers en partaient. Sept collines, comme à Rome, s'éle-

vaient en vigies. Ses remparts, flanqués de 90 tours, se développaient sur 6 kilomètres. Deux mille ans se sont écoulés. Le capitole, le théâtre, le cirque, les temples d'Apollon et d'Auguste, la basilique de Plotine ont disparu. Nîmes reste pourtant la localité française la plus riche en monuments gallo-romains.

On s'intéressera en premier lieu aux *arènes*, les mieux conservées au monde. Elles mesurent 133 mètres dans leur grand axe et 101 dans le petit. Les 34 rangs de gradins communiquant par de larges galeries et

des escaliers accueillaient 23 000 spectateurs venus assister aux combats de gladiateurs, aux luttes contre les taureaux et les ours, aux courses de chars et aux fêtes nautiques, les « naumachies » (des bassins s'ouvraient sous la piste). Par grande chaleur, un velum était tendu au-dessus des gradins. On voit encore au troisième étage les trous destinés à recevoir les mâts qui le supportaient. Tourné au nord, un fronton rectangulaire marque l'entrée principale. Les Wisigoths au Ve siècle, puis les Sarrasins et enfin des seigneurs médiévaux transformèrent les arènes en forteresse, murant les arcades, élevant des tours, creusant un fossé extérieur. Au XIIIe siècle, après la prise de la ville par Simon de Montfort et l'annexion au royaume de France en 1229, la citadelle devenue inutile fut occupée par une foule de petites gens qui en firent un véritable village. C'est au XIXe siècle seulement que les arènes furent déblayées. On y donne aujourd'hui, pour la feria de Pentecôte, des corridas célèbres.

Par le boulevard Victor-Hugo, ou mieux encore par les ruelles du vieux Nîmes, on gagnera la fameuse *Maison carrée* érigée vers 10 av. J.-C. par Agrippa en l'honneur des fils adoptifs de l'empereur Auguste, Caïus et Lucius, « princes de la jeunesse ». Cette

Nîmes, jardin de la Fontaine et tour Magne.

La Maison carrée.

des Cévennes viennent à baisser, on croit deviner les vestiges des Thermes. Mais l'édifice le plus évocateur est le « temple de Diane », mystérieuse salle voûtée à demi effondrée. D'autres monuments ornaient les jardins de la Fontaine : une « piscine », un petit théâtre à neuf rangées de gradins, découvert en 1854, et l'escalier à double rampe qui conduisait à la source.

Des allées en lacets mènent au sommet de la colline où se dresse la *tour Magne* bâtie à la fin du Ier siècle av. J.-C. On ne sait quelle était la fonction de cette tour (mausolée, autel en l'honneur d'Isis, échauguette à signaux, tour de guet ?). Haute d'une quarantaine de mètres à

maison n'est carrée que de nom : 26 mètres de long pour seulement 15 de large et une hauteur de 17 mètres. Établie sur un socle de 2,8 mètres de haut, entourée de trente colonnes cannelées surmontées de chapiteaux corinthiens, elle est formée comme un temple grec d'un péristyle et d'une salle close, la cella, demeure de la divinité, qui abrite aujourd'hui le musée des Antiques : statue colossale d'Apollon, tête du dieu, tête en marbre blanc de la Vénus de Nîmes, frise des Aigles d'Hadrien. La Maison carrée était située en limite du Forum dont les portiques à arcades abritaient boutiques et lieux de plaisir. Elle fut au long des siècles utilisée comme salle de réunion, hôtel de ville, couvent. Elle faillit être détruite lorsque Colbert eut l'idée de la démonter pierre à pierre pour la reconstruire dans le parc de Versailles ! Mais elle a été préservée et demeure le mieux conservé de tous les temples romains.

Par le quai de la Fontaine longeant un canal, dirigeons-nous vers le mont Cavalier, l'une des « sept collines » de Nîmes. Site sacré par la source qui y flue, le jardin était un lieu d'agrément pour nos lointains ancêtres. Lorsque les eaux alimentées par les eaux de pluie

Les arènes.

l'origine, elle élève encore ses trois étages à près de trente mètres. Sa base était emplie de terre. Sous Henri IV, un jardinier chercheur de trésor nommé Traucat déblaya ce soubassement au point d'ébranler la tour. Un escalier de 140 marches permet d'accéder à une plate-forme d'où le panorama est superbe sur la ville, les garrigues et, par temps clair, jusqu'à la Méditerranée.

Signalons encore deux témoins de l'époque romaine : un château d'eau, le *Castellum divisorium* (près du fort), où débouchaient les eaux de l'aqueduc du pont du Gard, et la *porte d'Arles*, dite aussi d'Auguste, reste de l'enceinte

construite en 15 av. J.-C. Le *musée archéologique*, installé dans l'ancien collège des Jésuites, présente d'intéressants vestiges de la vie quotidienne à l'époque romaine et une belle collection de monnaies.

Nîmes a été christianisée dès le IIIe siècle par saint Saturnin et saint Baudile. Ce dernier, originaire d'Orléans, fut torturé puis décapité. Son tombeau miraculeux attira vite des foules de pèlerins. Hélas, les reliques ont disparu et le souvenir du martyr ne demeure plus que dans le nom d'une église près de la porte d'Arles. La *cathédrale*, élevée en 1096 et presque entièrement reconstruite au XIXe siècle,

est dédiée à un autre saint, prénommé Castor, originaire d'une grande famille de Nîmes, sacré évêque d'Apt vers 419.

Les invasions barbares entraînent un déclin rapide de la cité. Les Wisigoths, partisans de l'hérésie aryenne qui nie la divinité du Christ, persécutent les catholiques. Au XIIIe siècle, les Nîmois convertis au catharisme évitent de peu le massacre en se rendant sans résistance à Simon de Montfort. En 1389, les Juifs qui contribuaient à la prospérité du commerce sont chassés de la ville. Dès 1532, Nîmes adopte le protestantisme et se trouve au cœur de luttes religieuses sou-

Le Pont du Gard.

vent sanglantes. Cette histoire est retracée au *musée du Vieux-Nîmes* qui présente également un aperçu de l'activité de la région (tissage, viticulture...).

Ville d'art et de culture (voyez le *musée des Beaux-Arts*), Nîmes s'enorgueillit enfin d'intéressants édifices parmi lesquels une maison romane (au 1, rue de la Madeleine), une maison gothique (16, rue des Marchands), la *fontaine du sculpteur Pradier* (1848), la maison natale d'*Alphonse Daudet* (20, boulevard Gambetta), et de somptueux hôtels Renaissance ou classiques (rue de la Trésorerie, rue Dorée).

LE PONT DU GARD

Au sortir des défilés du Gardon, apparaît le merveilleux aqueduc romain mondialement célèbre sous le nom de Pont du Gard. Édifié vers 19 av. J.-C. par Agrippa, gendre de l'empereur Auguste, ce pont, et l'aqueduc qui le prolongeait, menait les eaux de la fontaine d'Eure, près d'Uzès, jusqu'à Nîmes. Vingt mille mètres cubes s'écoulaient ainsi chaque jour sur plus de 50 kilomètres, avec une pente moyenne de 34 centimètres par kilomètre.

L'ouvrage qui franchit la rivière est impressionnant : trois étages d'arcades, 269 mètres en sa plus grande longueur, 49 mètres de haut. Mais il est surtout beau. Ses énormes blocs de pierre, au coucher du soleil, prennent une admirable couleur ocrée. N'hésitez pas à vous engager sur les sentiers aménagés qui mènent au niveau supérieur, dans le conduit de l'antique canal, sous la voûte de dalles qui préservait l'eau des impuretés. La visite, sans danger, vous fera percevoir la parfaite maîtrise technologique des Romains.

UN PORT DANS LES TERRES :
SAINT-GILLES

Fondé au VIᵉ siècle sur un oppidum antique dominant le Petit-Rhône, site probable de l'antique Héraclée dont parle Pline, le monastère bénédictin de Saint-Gilles a rapidement pris le nom d'un ermite qui mourut ici aux temps mérovingiens. La légende raconte que le saint homme fit d'innombrables miracles, sauvant une biche traquée par des chasseurs, guérissant les fous, rassurant ceux qui ont peur la nuit.

Saint-Gilles, autrefois port de mer, étape des deux routes de Rome et de Saint-Jacques-de-Compostelle, devint elle-même un but de pèlerinage. On disait au Moyen Âge qu'on prenait le « chemin de Saint-Gilles ». La ville connaissait une intense acti-

Église Saint-Gilles, détail du portail : la vie du Christ.

vité. Le comte de Toulouse Raymond IV (1088-1105) fit adjoindre à ses titres celui de comte de Saint-Gilles. Les papes, et surtout Clément IV (1265-1268) originaire du lieu, comblèrent l'abbaye de privilèges. La décadence suivit, dès le XIIIᵉ siècle, avec l'assassinat de Pierre de Castelnau, légat du pape Innocent III. En expiation de ce crime qu'on lui imputait, Raymond IV dut faire amende

honorable en braies et en chemise, devant les portes de l'église. Les guerres de Religion et l'ensablement du port achevèrent la ruine de Saint-Gilles. Aujourd'hui, le village paraît assoupi au pied de sa merveilleuse *abbatiale*, écrin du tombeau de l'ermite.

De l'édifice commencé à la fin du XIᵉ siècle, édifié pour l'essentiel entre 1116 et 1209, il ne reste plus que les trois admirables portails de la façade. Ils offrent le plus vaste ensemble sculpté de l'époque romane en Languedoc méditerranéen. Le thème en est la vie du Christ, affirmant ainsi le dogme central du catholicisme face à l'hérésie cathare. L'immense crypte, longue de 50 mètres et large de 25, remar-

L'église et la « vis de Saint-Gilles ».

quable par ses voûtes d'ogives, renferme le tombeau de saint Gilles. L'église elle-même a beaucoup souffert : les voûtes de la nef se sont effondrées lors de l'incendie allumé par les protestants en 1562, l'ancien chœur roman a été détruit pendant la Révolution, à l'exception de l'escalier nord du transept, la fameuse « vis de Saint-Gilles » que les compagnons tailleurs de pierre ne manquent pas d'étudier tant elle est remarquable.

On verra enfin, à quelque distance, la maison romane où serait né Guy Foulque, futur Clément IV.

Uzès, cathédrale et tour Fenestrelle.

Uzès, place aux Herbes.

CAPITALE D'UN DUCHÉ : UZÈS

Occupé depuis fort longtemps, mis en valeur par les Romains, siège d'un puissant évêché, fief des comtes de Toulouse, rattaché à la couronne royale en 1229, premier duché de France en 1565, le fier berceau familial des Gide sommeille aujourd'hui au cœur de la garrigue. Mais le prestigieux passé de la cité ressurgit à chaque pas.

Trois tours médiévales symbolisent les trois pouvoirs qui ont dominé Uzès : la *tour Bermonde*, du XIe siècle, fut la for-

teresse des Bermond, seigneurs d'Uzès. Elle est située dans l'enceinte du duché, ce palais Renaissance construit au XVIᵉ siècle par les de Crussol, ducs d'Uzès. La façade du château est attribuée à Philibert Delorme. De la terrasse de la tour Bermonde, la vue est superbe sur la ville et les garrigues. *La tour de l'Évêque*, ou tour de l'Horloge, fut édifiée au XIIᵉ siècle. La tour du Roi, la plus petite, est le seul vestige du palais royal du XIVᵉ siècle.

La *cathédrale* romane Saint-Théodorit a été totalement ruinée par les protestants en 1563, et reconstruite en style classique entre 1645 et 1660. Mais à l'angle sud-ouest de l'édifice subsiste un gracile clocher rond, la *tour Fenestrelle*, bâtie dans la tradition des campaniles romans italiens. Elle élève jusqu'à une hauteur de 42 mètres ses six étages cylindriques fichés sur un socle carré. À l'intérieur, l'escalier hélicoïdal est conçu comme la « vis de Saint-Gilles ». Au nord de la cathédrale, le palais épiscopal du XVIIᵉ siècle est devenu caserne.

Au gré des flâneries dans les rues étroites ou sur les promenades ombragées, on découvrira de beaux hôtels particuliers, comme l'hôtel Dampmartin, et l'on évoquera le souvenir de Racine qui passa dix-huit mois à Uzès en 1661. Il avait alors 22 ans et l'on prétend qu'il aurait découvert sa vocation littéraire dans un bastion des anciens remparts, dénommé depuis lors « *pavillon Racine* ».

Uzès, tour Fenestrelle.

Des Cévennes à la Camargue

*Uzès. Vue de la tour Bermonde
sur la ville.*

VILLENEUVE-LÈS-AVIGNON,
LA CITÉ DES CARDINAUX

Uzès, tour Bermonde.

Sœur jumelle et rivale d'Avignon, Villeneuve-lès-Avignon garda l'entrée du royaume de France dès que le roi, à la faveur de la croisade des Albigeois, se fut rendu maître du comté de Toulouse. Sur l'autre rive du Rhône, s'étendait la Provence, terre du Saint Empire romain germanique. C'est Philippe le Bel qui érigea entre 1293 et 1307 la tour qui porte son nom et qui constituait l'extrémité ouest du pont Bénezet. Le fort Saint-André fut élevé dans la seconde moitié du XIV⁰ siècle par Jean le Bon et Charles V. Son enceinte abritait l'abbaye bénédictine fondée au X⁰ siècle pour garder le tombeau de sainte Casarie. La terrasse porte de superbes jardins à l'italienne. L'on verra aussi la Chartreuse du Val de Bénédiction qui abrite le gisant du pape Innocent VI, l'église et sa fameuse Vierge d'ivoire polychrome (XIV⁰ siècle), le musée de l'Hospice et son Couronnement de la Vierge, œuvre d'Enguerrand-Charonton (1453)

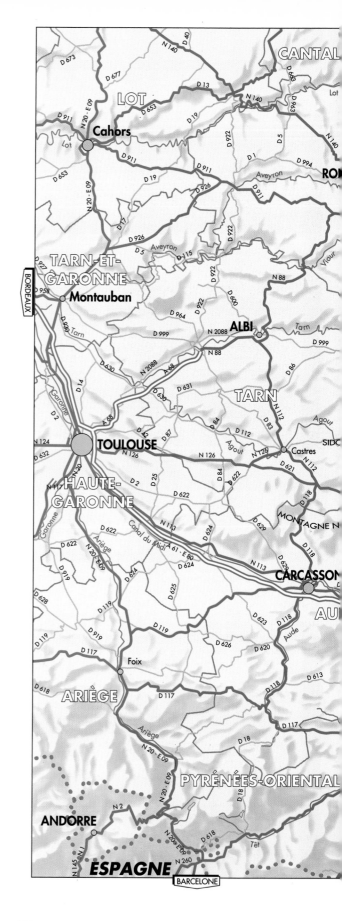

Index

En couverture : *Saint-Martin-du-Canigou. Pyrénées-Orientales.*

En quatrième de couverture : *Sète, le canal. Hérault.*

Cartographie : ACTUAL

Cet ouvrage a été achevé d'imprimer par l'imprimerie Pollina à Luçon (85) - n° 78651.A
I.S.B.N. 2.7373.1931.5 - Dépôt légal : juin 1996
N° d'éditeur : 3320.03.1,5.12.99